✧ 언플러그드 놀이로 쉽게 배우는 인공지능 ✧

인공지능,
언플러그드를 만나다2

홍지연 지음

KB192317

YoungJin.com Y.
영진닷컴

✦ 언플러그드 놀이로 쉽게 배우는 인공지능 ✦

인공지능, 언플러그드를 만나다2

1판 1쇄 발행 : 2022년 5월 15일

발행인 : 김길수
발행처 : ㈜영진닷컴
등 록 : 2007. 4. 27. 제16-4189호
이메일 : support@youngjin.com
주 소 : (우)08507 서울특별시 금천구 가산디지털1로 128 STX-V타워 4층 401호 ㈜영진닷컴

ISBN   978-89-314-6615-7

독자님의 의견을 받습니다.
이 책을 구입한 독자님은 영진닷컴의 가장 중요한 비평가이자 조언가입니다. 저희 책의 장점과 문제점이 무엇인지, 어떤 책이 출판되기를 바라는지, 책을 더욱 알차게 꾸밀 수 있는 아이디어가 있으면 팩스나 이메일, 또는 우편으로 연락 주시기 바랍니다. 의견을 주실 때에는 책 제목 및 독자님의 성함과 연락처(전화번호나 이메일)를 꼭 남겨 주시기 바랍니다. 독자님의 의견에 대해 바로 답변을 드리고, 또 독자님의 의견을 다음 책에 충분히 반영하도록 늘 노력하겠습니다.

파본이나 잘못된 도서는 구입하신 곳에서 교환해 드립니다.

STAFF
저자 홍지연 | **총괄** 김태경 | **기획** 최윤정 | **표지 디자인** 김소연, 박지은 | **내지 디자인·편집** 김소연, 박지은
영업 박준용, 임용수, 김도현 | **마케팅** 이승희, 김근주, 조민영, 채승희, 김민지, 임해나, 김도연, 이다은
제작 황장협 | **인쇄** 제이엠

　더 나은 미래, 모두를 위한 교육으로써 미래 교육은 어떤 모습이어야 할까요? 디지털 대전환 시대, 최신 정보 기술에 의해 급변하는 산업과 인간 생활 모습에 대응하여 미래 사회에 필요한 역량을 함양할 수 있는 교육은 무엇일까요? 디지털 친화적이며 틀을 거부하고 도전적인 특성을 가진 MZ 세대를 위한 새로운 교육은 어떠해야 할까요? 시원하게 그 정답을 알 수는 없지만, 그 어느 때보다 교육의 힘으로 미래 인재를 키우기 위해 지혜를 모아야 할 때인 것만큼은 분명합니다.

　이에 교육부에서는 미래 사회가 요구하는 역량 함양이 가능한 교육 과정을 마련하고자 2022 개정 교육 과정 고시를 앞두고 있습니다. 교육 환경의 변화에 적극적으로 대응하기 위함이며, 국가와 사회의 요구를 반영하기 위함이고, 미래 사회가 요구하는 포용성과 창의성을 갖춘 주도적인 사람으로 우리 아이들을 성장할 수 있도록 하기 위해 초, 중등학교 교육 과정을 개선하고자 하는 것입니다. 많은 변화를 예고하고 있으나 그중에서도 단연 눈에 띄는 것은 바로 모든 교과 교육을 통해 디지털 기초 소양 함양의 기반을 마련하고 정보 교육 과정과 연계하여 AI 등 신기술 분야 기초, 심화 학습을 내실화한다는 부분입니다.

　좀 더 구체적으로 살펴보면, 저학년에서부터 모든 교과 교육을 통해 디지털 활용 능력과 감수성, 데이터 표현 등 디지털 기초 학습 및 디지털 융합 수업을 실시합니다. 특히 수학 및 과학 등 교과 학습에서의 논리력과 절차적 문제 해결력 함양에 중점을 둡니다. 이를 바탕으로 학년을 올라가면서 기초 코딩 등 컴퓨팅 도구를 활용한 정보 처리 수행 능력을 함양시키고, AI·SW 및 정보화 디지털 영역의 컴퓨팅 기본 개념과 원리를 학습하도록 합니다. 나아가 고등학교에서는 AI·SW 관련 선택형 심화 과정 운영을 통해 다양한 분야의 전문 역량 함양을 지원합니다. 즉, 이제는 초, 중, 고등학교로 이어지는 공교육에서 AI·SW 교육을 통해 누구나 이 사회를 살아가는 기본 소양으로써 컴퓨팅 사고력과 인공지능 소양을 갖추어야 한다는 의미입니다.

　이에 필자는 이러한 시대와 교육 정책의 변화에 대비하고 인공지능과 교육의 만남을 보다 체계적으로 정리하기 위해 〈인공지능, 언플러그드를 만나다〉, 〈인공지능, 스크래치를 만나다〉, 〈인공지능, 엔트리를 만나다〉, 〈인공지능, 게임을 만나다〉, 〈인공지능, 수학을 만나다〉 편을 출

간하였습니다. 〈인공지능, 언플러그드를 만나다〉 편을 통해 유치원, 초등학교에서 재미있게 접목할 수 있는 인공지능 놀이 교육에 도움이 되고자 하였고, 〈인공지능, 스크래치를 만나다〉, 〈인공지능, 엔트리를 만나다〉 편을 통해 보다 체계적인 인공지능 프로그래밍 교육에 대비하였습니다. 나아가 〈인공지능, 게임을 만나다〉와 〈인공지능, 수학을 만나다〉로 교과와 연계한 AI 융합 수업에도 대비하였습니다.

그런데 많은 선생님, 그리고 학부모님들로부터 〈인공지능, 언플러그드를 만나다〉의 후속편을 기대한다는 말을 듣게 되었습니다. 기존의 〈인공지능, 언플러그드를 만나다〉 편이 유치원에서부터 초등학생까지 다소 어린 학습자들을 대상으로 재미있는 놀이와 체험 중심의 주제로 풀어낸 것이기에, 이보다 좀 더 높은 학년의 아이들까지도 쉽게 즐길 수 있는 AI 놀이 교육이 필요하다는 요청이었습니다. SW 교육의 내용을 담은 〈우리 아이 첫 소프트웨어, 언플러그드 놀이〉 책이 기초와 심화로 되어 있는 것처럼 AI 교육의 내용을 담은 〈인공지능, 언플러그드를 만나다〉도 기초와 심화로 만들어 주면 좋겠다는 요청이었습니다.

심화라고 해서 어렵거나 심오한 내용을 다룬 것이 아닙니다. 더욱 다양하고, 많은 연령층의 학생들을 대상으로 한다는 의미입니다. 또한, 기초인 〈인공지능, 언플러그드를 만나다〉 편을 학습한 아이들의 다음 교육을 위한다는 의미이기도 합니다. 놀이로 시작하기 때문에 비교적 쉽고, 놀이로 즐기기 때문에 자연스럽게 배우는 〈인공지능, 언플러그드를 만나다〉 기초와 심화편이 인공지능 교육의 화수분이 되길 희망합니다.

아직까지 많은 교육 현장에서는 인공지능 교육의 시작을 어려워하고 있습니다. 본격적인 인공지능 교육을 앞두고 준비해야 할 것이 많지만, 무엇부터 준비해야 할지도 막막한 것이 현실입니다. 지금까지 집필한 "인공지능, 교육을 만나다" 시리즈들이 우리 선생님들의 어깨를, 우리 학부모님들의 고민을 조금은 덜어 주길 기대합니다. 거듭 말씀드리듯이 미래 교육은 결코 어렵거나 멀리 있지 않습니다. 놀이로 시작해 다양한 AI 도구로 인공지능 세상을 엿보고, 나아가 엔트리를 통해 인공지능 시대에 필요한 소프트웨어를 만들어 보는 것, 자신이 어릴 때부터 배워 온 수학이 이렇게 인공지능 세상에 적용되어 사람들을 돕는 데 활용됨을 아는 것, 이렇게 책을 한 장 한 장 스스로 넘겨 가며 더 깊은 배움을 찾아 몰입하고 즐겁게 인공지능에 대한 경험들을 쌓아 간다면 우리 학생들이 이 시대의 주인공, 나아가 미래 사회를 이끌어 갈 핵심 인재로 자라날 것을 확신합니다. 또 한 권 보태지는 이 "인공지능, 교육을 만나다" 시리즈들이 그런 미래 인재들의 힘찬 발걸음에 작은 보탬이 되길 오늘 또 희망해 봅니다.

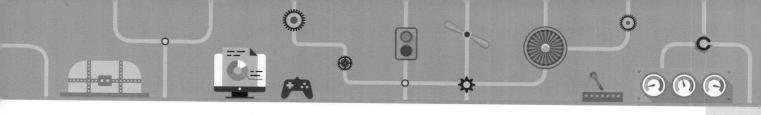

저자 **홍지연**

초등학교 교사
한국교원대학교 대학원 초등 컴퓨터 교육 박사 수료

저서

언플러그드 놀이 시리즈 영진닷컴

학교 수업이 즐거워지는
엔트리 코딩 영진닷컴

알버트 AI로봇과 함께하는
즐거운 엔트리 코딩-카드 코딩 영진닷컴

즐거운 메이커 놀이 활동 시리즈 영진닷컴

인공지능을 만나다 시리즈 영진닷컴

- WHY? 코딩 워크북 예림당
- 코딩과학동화 시리즈 〈팜〉 지하농장, 하늘농장, 우주농장편 길벗
- 소프트웨어 수업백과 상상박물관
- HELLO! EBS 소프트웨어 EBS 외 다수

인공지능 교육 어떻게 시작할까요?

❶ 초등학교에서도 인공지능 교육이 가능할까요?

가능합니다. 또한 필요하다고 생각합니다. 이미 우리 아이들의 생활 속에 인공지능은 깊숙이 들어와 있습니다. 매일 아침 마주하는 AI 스피커가 인공지능 기술을 바탕으로 만들어졌음을 알고 사용할 때 더 적절하게 사용할 수 있을 뿐 아니라, 어떤 점이 개선되어야 하는지도 생각해 볼 수 있습니다. 단, 여기서 말하는 인공지능 교육은 어른들에게도 어려운 인공지능 학문에 대한 수준 높은 접근을 말하는 것이 아닙니다. 생활 속에 인공지능 기술이 어떻게 녹아 있는지 알고, 세상이 어떻게 변해가고 있는지에 대한 민감성과 미래 사회에 대한 통찰을 키워갈 수 있는 소양을 가질 수 있도록 하는 인공지능 교육을 의미합니다.

❷ 인공지능 책을 시리즈로 만든 이유는 무엇인가요?

〈인공지능, 언플러그드를 만나다〉는 인공지능 교육을 처음 접하는 학생들 또는 어린 학습자들을 위한 입문서라고 할 수 있습니다. 놀이를 통해 인공지능의 개념과 원리에 접근하기 때문에 누구나 쉽게 즐기며 학습할 수 있습니다. 하지만 놀이가 놀이로 끝나면 그 교육적 효과가 지속되기 어렵습니다. 놀이에서 배운 다양한 개념과 원리를 직접 체험해 볼 수 있는 그다음 단계의 교육이 필요합니다. 그래서 다양한 AI 학습 도구를 활용한 〈인공지능, 스크래치를 만나다〉를 통해 보다 넓고 다양한 인공지능의 세계를 경험할 수 있도록 시리즈 책을 기획하였습니다. 그리고 그다음 편인 〈인공지능, 엔트리를 만나다〉에서는 보다 깊게 인공지능 기술을 활용한 프로그램을 만들어 볼 수 있도록 함으로써 인공지능 활용 SW 교육까지 나아갑니다. 인공지능이 어떻게 학습하는지 비교적 쉽게 접근 가능한 지도학습의 원리를 활용해 모델을 만들고 그 모델을 활용한 프로그래밍 경험은 이전에 없던 새로운 인공지능 세계로의 확장을 보여 줍니다.
하지만 여기서 끝이 아닙니다. 데이터의 경향성을 파악해 의사결정에 필요한 예측과 클러스터링이 가능한 단계의 모델을 만들어 보는 것, 보다 높은 수준의 인공지능 기술을 활용한 프로그래밍 교육 또한 필요하다고 판단하였습니다. 이를 위해 〈인공지능, 게임을 만나다〉는 다소 어려울 수 있는 한 단계 높은 수준의 인공지능 활용 SW 교육을 담되, 학생들이 어려움을 덜 느끼도록 인공지능에 게임의 요소를 더했습니다. 그리고 〈인공지능, 엔트리 수학을 만나다〉를 통해 인공지능의 시작이라 할 수 있는 컴퓨터과학과 수학에 한발 더 다가가고자 하였습니다. 그러나 여전히 인공지능 교육의 시작을 어려워하는 분들, 놀이 교육과 AI 코딩 교육 사이의 간극을 두려워하는 분들을 위해 이번에 〈인공지능, 언플러그드를 만나다〉의 심화편인 〈인공지능,

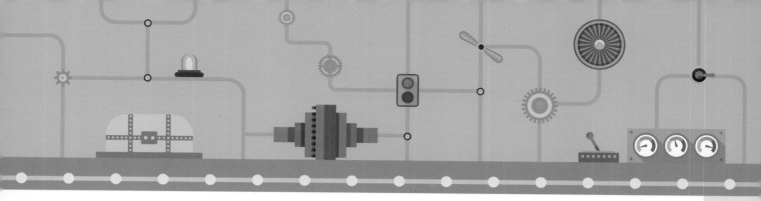

언플러그드를 만나다 2)를 추가하여 인공지능 교육 시리즈를 더욱 공고히 하였습니다. 시리즈로 이어지는 각 권들을 단계적으로 배워 가는 과정 속에 우리 학생들은 미래 사회에 꼭 필요한 역량을 키워 나가게 됩니다.

❸ 미래 사회에 대비한 교육 환경을 만들어 주세요!

AI, 빅데이터, IoT, 로봇, 3D 프린터 등 4차 산업혁명 시대의 최첨단 기술의 발전은 우리의 일상생활은 물론 사회, 문화, 정치, 경제, 교육 등 모든 것을 바꿔 놓고 있습니다. 이렇게 급변하는 시대에 우리 아이들이 갖춰야 할 사고력 중 하나가 바로 컴퓨팅 사고력이며, 이 책에서 말하고자 하는 인공지능 소양 역시 우리 아이들을 미래의 인재로 키워 주는 역량이라 말할 수 있습니다. 하지만 이런 미래 사회에 대비한 교육이라고 해서 굉장히 대단한 무언가가 있는 것이 아닙니다. 미래 교육은 말 그대로 우리 아이들이 스스로 생각할 수 있는, 그래서 무엇인가 자신만의 새로운 것을 만들 수 있는 능력을 키우는 교육입니다. 따라서 우리 아이들의 생활이 곧 교육이고, 환경이 곧 역량이 됩니다. 손 닿을 곳에 항상 책을 가까이 두는 것. 무엇이라도 스스로 만들어 볼 수 있는 공간이 있도록 하는 것. 모르는 것이 있을 때 즉시 주변의 도움 또는 컴퓨터의 도움을 받아 지식을 습득할 수 있도록 하는 것. 아이의 상상력을 끊임없이 지지해 주는 것... 바로 이런 노력, 이런 환경이 필요합니다. 여기에 한발 더 나아가기 위해 체계적으로 공부할 수 있는 소프트웨어 교육이나 인공지능 교육 관련 책 한 권 선물해 보면 어떨까요? 이런 작은 출발에서부터 시작해 보세요.

❹ 이것만은 주의해 주세요!

여기에 소개된 인공지능 프로그램을 따라 하는 것만으로도 인공지능이 어떤 원리에 의해 학습하는지, 우리 생활에 어떤 영향을 미칠 수 있는지 생각해 볼 수 있습니다. 하지만 단순히 따라 하기만 하고 끝내기보다 나만의 아이디어를 더해 새로운 프로그램으로 만들어 보려는 노력이 필요합니다. 자신의 생각을 만들고, 그 생각을 현실로 만들기 위해 코드를 수정하는 과정에서 문제해결력은 물론 창의적 사고력 또한 키울 수 있는 것입니다. 따라서 각 챕터마다 제시된 기본 프로그램을 다 완성한 후에는 반드시 앞에서 따라 하며 알게 된 기능들을 활용해 자신만의 새로운 인공지능 프로그램을 탄생시켜 보도록 합니다.

❺ 혼자서도 할 수 있는 인공지능 교육 정보

구글 딥드림 체험 https://deepdreamgenerator.com/

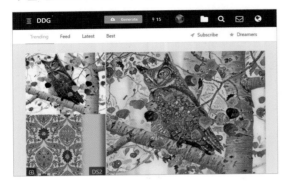

구글 딥드림은 구글의 엔지니어가 만든 컴퓨터 비전 프로그램으로, 인공지능 알고리즘을 이용해 이미지의 패턴을 찾아 새로운 이미지로 생성해 주는 플랫폼입니다. Tool 메뉴를 이용해 자신이 바꾸고 싶은 이미지를 업로드하고, 바꾸기를 원하는 스타일의 작품을 선택한 뒤 [Generate] 버튼만 눌러 주면 되기 때문에 인공지능의 알고리즘을 아주 쉽고 재미있게 체험할 수 있습니다.

데이터 코리아 http://datakorea.datastore.or.kr/

원하는 인공지능 모델을 만들기 위해서는 데이터가 필요합니다. 데이터 코리아는 과학기술정보통신부와 한국데이터진흥원 등이 함께 만든 데이터 시각화 서비스 사이트로, 다양한 카테고리별 한국 관련 데이터를 탐사하고 활용할 수 있게 자료를 정리해 두어 원하는 데이터를 쉽게 찾을 수 있습니다.

세미 컨덕터 https://semiconductor.withgoogle.com/

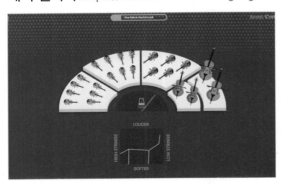

세미 컨덕터는 AI가 몸의 움직임을 인식하여 사용자가 마치 지휘자가 되어 오케스트라를 지휘하는 듯한 기분을 느낄 수 있게 해 주는 인공지능 체험 플랫폼입니다. 웹캠에 인식된 몸동작이 왼쪽인지 오른쪽인지 혹은 팔의 높이가 높은지 낮은지에 따라 연주되는 곡의 템포, 소리 크기, 악기의 종류를 조절하며 지휘할 수 있습니다.

목차

CHAPTER 02

표현 및 추론

CHAPTER 03 학습

CHAPTER 04

상호작용

CHAPTER
05

사회적 영향

인식

CHAPTER 01

 인식

디지털 숫자 만들기

양면 색종이를 활용해 불을 켜고 끄는 방법의 조합으로 디지털 숫자를 만들어 봅시다.

 수업 길잡이 · · · · · ·

난이도 ★★★☆☆
소요시간 40분 이상
놀이인원 1인
준비물 색종이 여러 장,
가위, 풀

인공지능 놀이를 준비해요!

놀이 목표
디지털에서 숫자를 표현하는 방법 알기

놀이 약속
어른의 도움 없이 스스로 디지털 숫자
만들기 활동하기

학교에서 이렇게 배워요!

수업 활동
• 1학년 > 1학기 > 수학 > 1. 9까지의 수 > [4차시] 수를
써 볼까요?
• 중학교 > 정보 > 2. 자료와 정보 > 자료와 정보의
표현 > 02. 자료의 유형과 디지털 표현

이 놀이는

디지털 숫자

숫자의 각 부분에 불을 켜거나 끄는 방법을 통해 디지털 세상에서 숫자를 표현하는 방법을 이해하는 놀이 활동입니다. 7개의 소자로 표현되는 디지털 숫자의 세계를 통해 컴퓨터가 문자나 숫자를 이해하고 표현하는 방식을 생각해 볼 수 있습니다.

1 인공지능 놀이를 위해 양면 색종이(검은색, 흰색), 가위, 풀이 필요합니다. 만약 검은색과 흰색 양면 색종이가 없다면 다른 색깔이어도 상관없습니다.

2 왼쪽 그림처럼 색종이를 대각선으로 반을 접습니다. 그리고 다시 펼친 뒤 왼쪽 아래 끝을 위로 올려 오른쪽 그림처럼 접습니다.

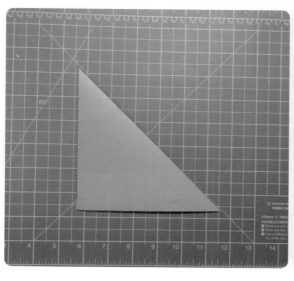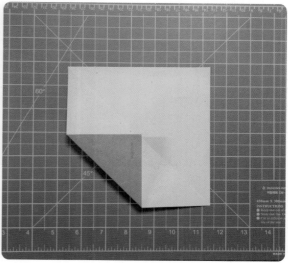

3 색종이의 나머지 끝도 똑같은 방법으로 접어서 오른쪽 그림처럼 완성합니다.

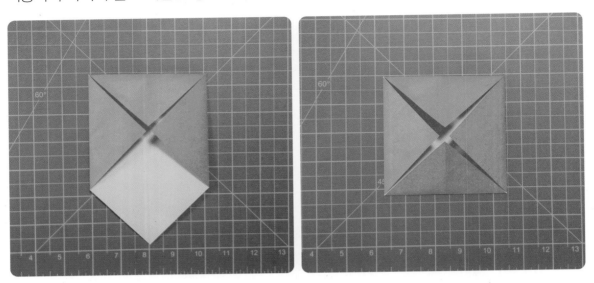

4 접어 놓은 부분을 모두 펼친 후 다시 색종이의 각 끝부분을 그림처럼 접어 올립니다.

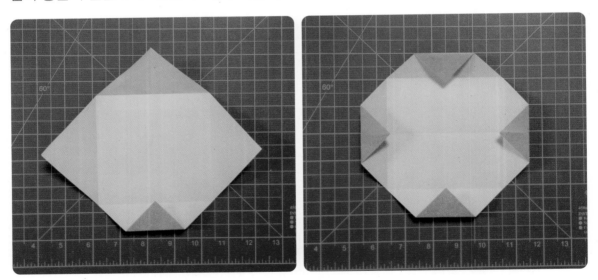

 5 접은 각 끝부분을 다시 한 번 더 접어 올린 후 각이 진 색종이의 각 모서리를 다시 삼각형 모양으로 접습니다.

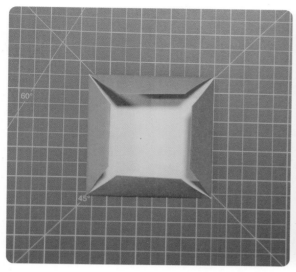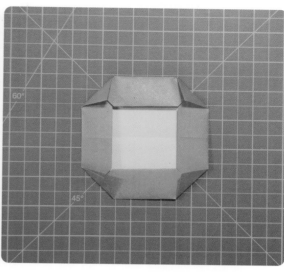

6 삼각형 모양으로 접었던 각 끝부분을 다시 펼친 후 반대로 접어 줍니다.

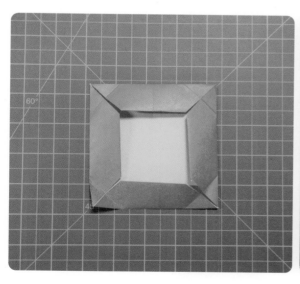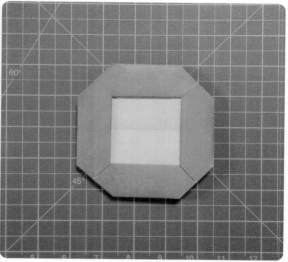

7 같은 방법으로 2개를 똑같이 만들어 준 뒤, 1개는 왼쪽 그림처럼 겹치는 부분을 펴서 뒤로 넘깁니다. 그리고 뒷면 종이에 풀칠을 해서 2개의 색종이를 고정해 줍니다. 숫자 8은 7개의 소자에 모두 불이 들어온 경우라고 할 수 있습니다.

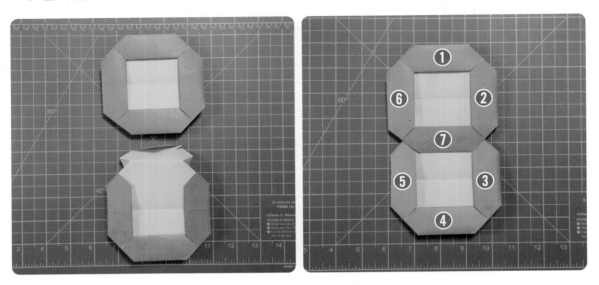

8 이와 같은 방법으로 각 숫자를 완성할 수 있습니다. 0부터 9까지의 수를 모두 완성해 봅시다.

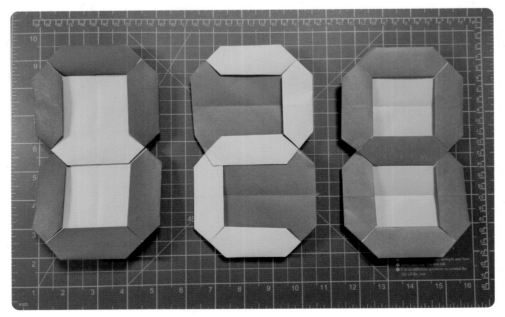

색종이의 색깔에 따라 다를 수 있으나 아래 그림에서는 흰색 부분이 불이 켜진 것이고, 회색 부분이 불이 꺼진 것으로 생각할 수 있습니다. 디지털 숫자는 이렇게 7개의 소자에 불을 켜거나 끄는 방식으로 숫자를 표현합니다.

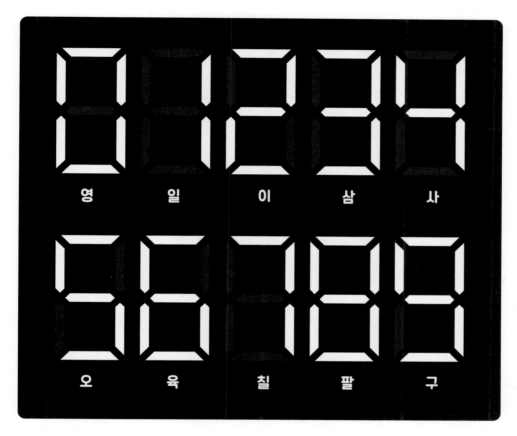

7개의 소자로
표현해 보는 숫자

이진법이란 0과 1, 두 개의 숫자만을 이용하는 수 체계를 말합니다. 이진법을 표현하는 데 사용하는 두 가지 기호인 1과 0은 '있음과 없음', '옳고 그름', '전깃불이 켜지고 꺼짐' 등으로도 나타낼 수 있습니다. 그리고 이 '전깃불이 켜지고 꺼짐'으로 표현하는 방법이 1930년대의 전기를 이용한 통신 혁명을 가져왔으며, 현대적인 컴퓨터의 작동 원리를 제공하여 정보 처리 혁명을 이끌었다고 볼 수 있습니다.

다음은 디지털시계입니다. 현재 07시 15분을 나타내고 있습니다. 앞의 종이접기 활동에서 살펴보았듯이 숫자 0의 경우 7번 소자를 제외한 나머지 6개 소자에 불이 켜진 것으로 생각할 수 있습니다. 숫자 7은 1, 2, 3번 소자에 불이 켜지고 나머지 소자는 불이 꺼진 것이고, 숫자 1은 2번과 3번 소자에 불이 켜지고 나머지 1, 4, 5, 6, 7번 소자는 불이 꺼진 것과 같습니다. 숫자 5는 1, 3, 4, 6, 7번 소자에 불이 켜지고 2, 5번 소자에 불이 꺼진 것입니다. 이때 7개의 소자 각각에 불이 켜진 경우를 1로, 꺼진 경우를 0으로 하여 디지털시계가 나타내는 시각을 다음과 같이 이진수로 표현할 수 있습니다. 디지털시계 속에 나타나는 숫자 2, 3, 4, 6, 8, 9도 여러분이 직접 이진수로 표현해 보면 어떨까요?

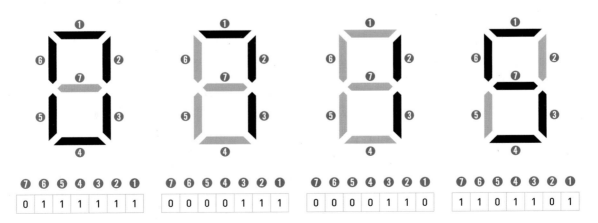

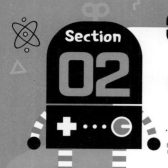

02

인식

어떤 숫자일까요?

인공지능이 숫자의 일부분을 인식해 어떤 숫자인지를 예측해 보는 놀이를 해 봅시다.

수업 길잡이

난이도 ★★★☆☆
소요시간 20분 이상
놀이인원 2~4인
준비물 부록(디지털 숫자
카드, 숫자 찾기 활동지),
색연필 등 필기구

인공지능 놀이를 준비해요!

놀이 목표
숫자 인식 기술에 대해 알기

놀이 약속
숫자의 모양을 잘 관찰하고 숫자의
특징에 대해 스스로 생각해 보기

학교에서 이렇게 배워요!

수업 활동
• 1학년 > 1학기 > 수학 > 1. 9까지의 수 > [4차시] 수를
써 볼까요?
• 6학년 > 실과 > 3. 소프트웨어와 생활 > [1-2차시]
소프트웨어는 우리 생활에 어떤 영향을 미칠까요?
• 중학교 > 정보 > 1. 정보문화 > 정보사회 > 정보기술의
발달

이 놀이는

숫자인식

인공지능이 숫자의 모양을 인식하고, 특징을 파악함으로써 숫자의 일부를 보고 전체가 무엇인지 예측하는 놀이 활동입니다. 문자 인식이란 시각 정보를 통하여 문자를 인식하고 의미를 이해하는 것으로, 인간의 능력을 컴퓨터로 실현하는 패턴 인식의 한 분야입니다. 본 활동에서는 문자 인식 중 가장 많이 사용되고 있는 숫자 검출과 인식을 놀이로 구현해 봅니다.

1 인공지능 놀이를 위해 디지털 숫자 카드(부록), 숫자 찾기 활동지(부록), 연필(또는 펜)이 필요합니다.

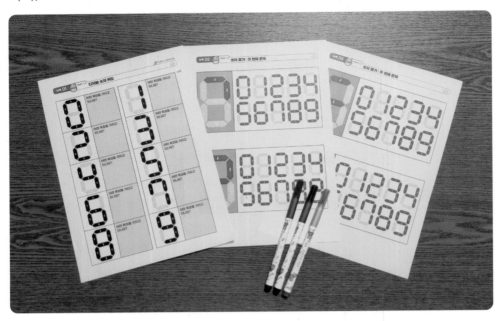

2 다음은 손글씨로 쓴 어떤 숫자를 모아 놓은 것입니다. 어떤 숫자일까요? 그렇게 생각한 이유를 이 숫자가 가진 특징과 연관 지어 설명해 보세요.

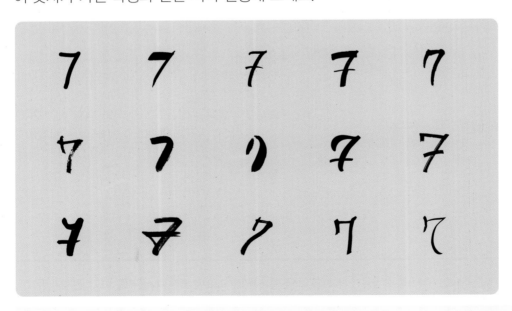

3 0부터 9까지의 숫자를 디지털로 표현해 보았습니다. 각 숫자가 가진 특징을 잘 생각해 보세요.

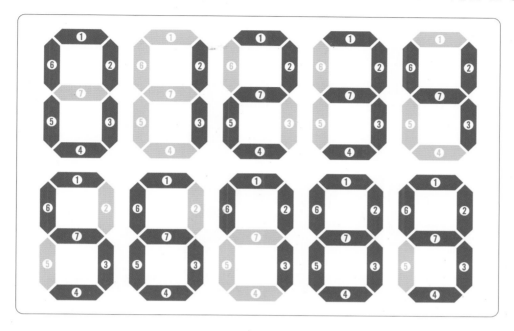

4 〈디지털 숫자 카드〉 부록을 오린 뒤 숫자 카드 옆에 각 숫자의 특징을 적습니다.

5 〈숫자 찾기 활동지 : 첫 번째 문제〉부록을 활용해 놀이를 시작합니다. 첫 번째 힌트입니다. 왼쪽에 색칠된 숫자를 보고, 어떤 숫자가 가질 수 있는 특징인지를 떠올려 봅니다. 그리고 오른쪽의 0에서 9까지의 숫자 중 가능한 숫자에 O를 그려 보세요. (단, 위에서부터 아래로 숫자를 색칠해 가는 규칙을 가집니다.)

6 두 번째 힌트입니다. 계속해서 색칠된 숫자를 보고 어떤 숫자가 가질 수 있는 특징인지를 떠올려 봅니다. 그리고 오른쪽의 0에서 9까지의 숫자 중 가능한 숫자에 O를 그려 보세요. 어떤 숫자가 될 수 있나요?

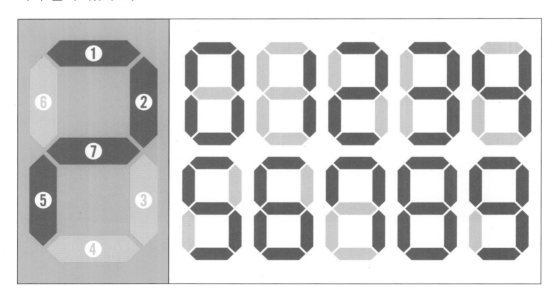

〈숫자 찾기 활동지 : 두 번째 문제〉 부록을 활용해 한 번 더 놀이를 해 봅니다. 왼쪽에 색칠된 숫자를 보고, 어떤 숫자가 가질 수 있는 특징인지를 떠올려 봅니다. 그리고 오른쪽의 0에서 9까지의 숫자 중 가능한 숫자에 O를 그려 보세요. (단, 위에서부터 아래로 숫자를 색칠해 가는 규칙을 가집니다.)

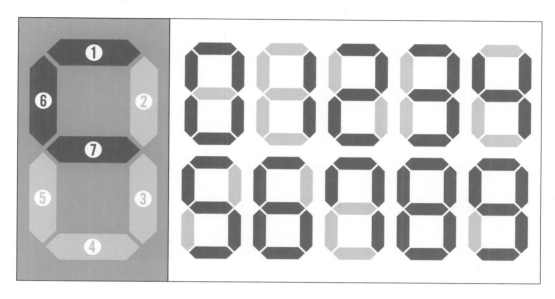

두 번째 힌트입니다. 계속해서 색칠된 숫자를 보고 어떤 숫자가 가질 수 있는 특징인지를 떠올려 봅니다. 그리고 오른쪽의 0에서 9까지의 숫자 중 가능한 숫자에 O를 그려 보세요. 어떤 숫자가 될 수 있나요?

정답 5, 3 6, 2 5, 6 7 8, 5

9 응용 놀이를 해 보도록 하겠습니다. 다음 그림 속 친구가 들고 있는 숫자는 무엇인가요? 왜 그렇게 생각하는지 이유도 말해 보세요.

10 Ⴤ와 비슷한 숫자라고 생각되는 숫자 2~3개를 골라 O를 그려 봅시다.

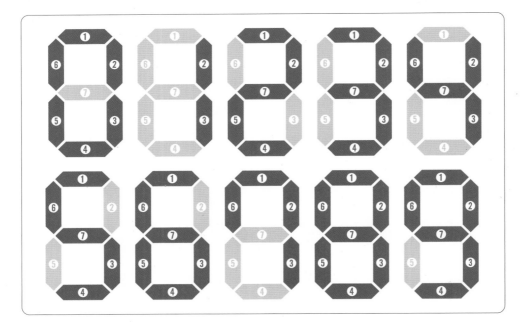

인공지능 놀이를 시작해요!

11 ५를 빈 숫자판에 옮긴 후 어떤 숫자인지 결정해 봅시다. 그렇게 생각한 까닭을 숫자의 특징과 연관 지어 아래에 적어 봅시다.

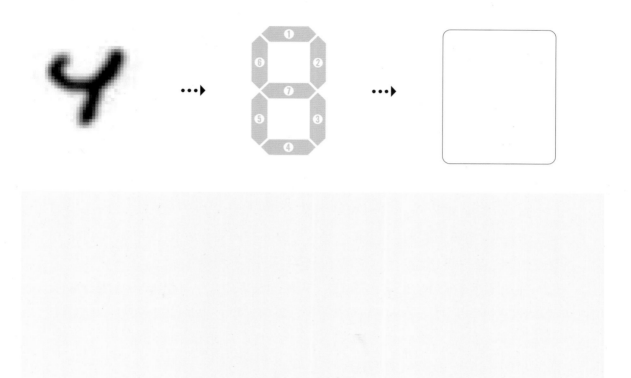

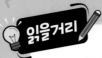

인공지능의 숫자 인식

인공지능이 스스로 학습하여 기능을 향상하는 것을 기계학습 또는 머신러닝이라고 합니다. 인공지능은 여러 가지 데이터를 수집하고 분석하여 패턴을 인식함으로써, 새로운 문제에 대한 결과를 예측할 수 있습니다. 앞의 활동에서 보았듯 똑같은 숫자라도 손글씨로 썼을 때 조금씩 그 모양이 다른데, 수많은 손글씨 숫자 이미지 데이터를 학습한 인공지능은 그 속에서 공통적인 패턴을 찾아 학습합니다. 즉, 손글씨마다 숫자의 모양이 조금씩 다르지만 패턴의 공통적인 특징을 통해 인공지능은 해당 숫자가 무엇인지 판단할 수 있는 것입니다.

인공지능이 손글씨로 쓴 숫자를 인식하는 것은 인공지능의 머신러닝, 더 정확하게 말하면 딥러닝 기술을 이용한 것입니다. 인간의 뇌가 가진 신경망을 본떠 만든 네트워크 구조를 인공 신경망이라고 하는데, 인공 신경망은 입력층을 통해 학습하고자 하는 데이터를 입력받습니다. 이렇게 입력된 데이터들은 여러 단계의 은닉층을 지나면서 처리가 이루어져 출력층을 통해 최종 결과가 출력됩니다. 이렇게 3개 이상의 중첩 구조를 가지는 신경망을 깊은 신경망(Deep Neural Network, DNN)이라고 부르며, 이를 활용한 머신러닝 학습을 특별히 딥러닝이라고 부르는 것입니다.

딥러닝의 원리는 오른쪽 그림처럼 숫자 인식에도 사용됩니다. 먼저 인공지능은 숫자 이미지를 구성하는 작은 단위인 픽셀의 값을 이용하여 숫자를 매우 작은 단위로 분해합니다. 이렇게 분해된 데이터는 입력층, 은닉층(중간층), 출력층 등을 지나게 되고 해당 이미지 데이터의 특징을 추출한 인공지능은 이 숫자가 어떤 숫자인지를 판단할 수 있게 됩니다.

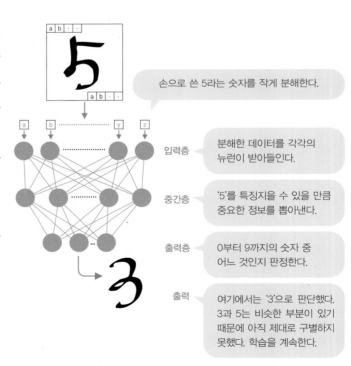

손으로 쓴 5라는 숫자를 작게 분해한다.

입력층: 분해한 데이터를 각각의 뉴런이 받아들인다.

중간층: '5'를 특징지을 수 있을 만큼 중요한 정보를 뽑아낸다.

출력층: 0부터 9까지의 숫자 중 어느 것인지 판정한다.

출력: 여기에서는 '3'으로 판단했다. 3과 5는 비슷한 부분이 있기 때문에 아직 제대로 구별하지 못했다. 학습을 계속한다.

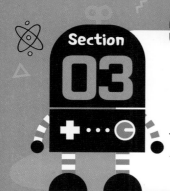

Section

03

인식

나처럼 해봐요, 이렇게!

사람의 동작을 인식해 따라 하는 AI 동작 인식 로봇 놀이를 해 봅시다.

수업 길잡이

난이도 ★★★☆☆
소요시간 30분 이상
놀이인원 2~4인
준비물 부록(로봇 도안,
동작 카드), 가위, 할핀
여러 개, 간편 복장

인공지능 놀이를 준비해요!

놀이 목표
동작 인식 기술에 대해 알기

놀이 약속
각 동작의 특징을 잘 생각해 똑같이
만들어 보기

학교에서 이렇게 배워요!

수업 활동
• 3학년 > 체육 > 4. 표현 > 1. 몸을 다양하게 움직여요 >
[2차시] 내 몸을 알고 움직여요.
• 6학년 > 실과 > 3. 소프트웨어와 생활 > [1-2차시]
소프트웨어는 우리 생활에 어떤 영향을 미칠까요?
• 중학교 > 정보 > 1. 정보문화 > 정보사회 > 정보기술의
발달

이 놀이는

동작인식

인공지능 로봇이 사람의 동작을 인식하고, 특징을 파악해 따라 하는 것을 표현한 활동입니다. 동작 인식 기술이란 음성이나 물리적인 입력 장치 없이 사람의 움직임, 제스처만으로 기기들과 상호작용 할 수 있게 해 주는 기술을 의미합니다. 이때 인공지능은 사람의 동작을 분석해 잘못된 동작이 있을 경우 적절한 코칭을 해 줄 수 있습니다.

 인공지능 놀이를 위해 로봇 도안(활동지), 동작 카드(활동지)와 가위, 할핀이 필요합니다.

2 부록에서 로봇 도안의 관절과 동작 카드를 모두 오립니다.

할핀을 이용해 동작 인식 로봇의 각 관절을 연결해 줍니다. 할핀을 사용할 때는 다치지 않도록 조심합니다.

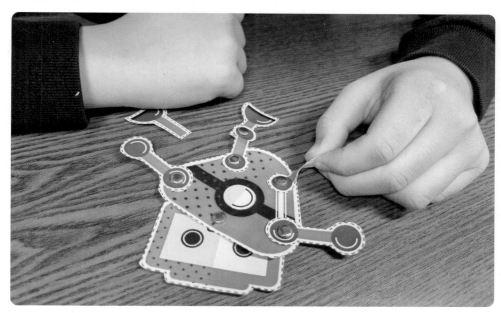

놀이를 할 준비가 완료되면 가위바위보로 역할을 정합니다. AI 동작 인식 로봇 역할을 할 사람 1명, 사람 역할을 할 사람 1명이 필요합니다. 만약 놀이에 3명 이상이 참여한다면 1명이 AI 동작 인식 로봇 역할을, 나머지 사람이 사람 역할을 한 뒤에 서로 역할을 바꾸어 놀이를 진행합니다.

5 AI 로봇의 역할을 맡은 사람이 관절 로봇을 손에 듭니다. 사람 역할을 맡은 사람은 동작 카드 (활동지) 중 하나를 선택해 AI 로봇에게 보여 줍니다.

6 AI 로봇 역할을 맡은 사람은 앞에서 동작을 표현하는 친구의 모습을 보고 관절 로봇을 이용해 똑같이 동작을 표현합니다. 10초의 시간 제한이 있습니다.

관절 로봇으로 표현한 동작이 카드 속 친구의 모습과 일치하는지 확인합니다. 일치한다면 다른 동작 카드를 선택해 같은 활동을 반복합니다. 총 3번 놀이를 실시한 후 역할을 바꿔 다시 한 번 놀이를 진행합니다.

 놀이가 끝난 후 각 동작 카드를 보면서 어떤 특징이 있는지 이야기를 나눠 봅니다.

인공지능의 동작 인식

동작 인식 기술 또는 모션 인식 기술이란 사용자의 움직임, 얼굴, 음성 등 신체 조절 정보를 카메라 센서, 적외선 센서, 마이크 등으로 감지해 3차원 가상 공간에 구현하는 기술을 말합니다. 간단하게 말하면 특정한 물체의 움직임이나 위치를 인식하는 각종 센서를 활용하는 IT 기술이라고 할 수 있습니다.

동작 인식 기술은 게임을 비롯하여 이미 우리의 삶에 자연스럽게 녹아들어 있습니다. 핸드폰 화면을 터치하지 않고 손동작으로 핸드폰을 조작하는 것, 핸드폰을 흔들어 앱을 켜는 것 또한 동작 인식 기술이 사용된 예입니다. 이뿐 아니라 동작 인식 기술은 사람들의 건강을 관리하는 데도 사용됩니다. 신체적으로 재활 운동이 필요한 사람들이 스스로 자세를 확인하며 올바른 자세로 재활을 할 수 있도록 도와주기도 하고, 빔 프로젝터를 이용한 신체 인식 놀이 활동을 통해 심리 재활을 하기도 합니다.

최근에는 CCTV 등의 증가로 인해 2D 영상에서 사람의 이상 행동 및 특별한 행동 패턴을 검출하기 위한 연구가 많이 진행되고 있는데, 이 연구에 인공지능의 딥러닝 기술이 적용되고 있습니다. 딥러닝 기술은 다층 인공 신경망을 이용해 데이터로부터 유용한 특징을 직접 추출하여 이를 학습하는 방식을 따르고 있으며, 사람이 찾지 못하는 유용한 특징을 스스로 찾을 수 있습니다. 사람은 대용량의 데이터로부터 특정 동작의 특징을 찾기 쉽지 않지만, 딥러닝 기술은 유용한 특징을 효과적으로 찾을 수 있습니다.

출처 : https://www.yna.co.kr/view/MYH20181120006900038

예를 들어 사진 속 기사는 불법으로 쓰레기를 투기하는 사람들을 막고자 특정 지역에 인공지능 카메라를 설치하고, 쓰레기를 투기하는 동작을 인식할 때마다 경고음을 울려 쓰레기 투기를 방지한 사례를 보도한 것입니다. 이처럼 우리 생활 속에서 활용되고 있는 인공지능의 동작 인식 기술을 본 놀이 활동을 통해 친구들과 인공지능의 발달이 우리 생활에 어떤 영향을 미치는지 이야기해 볼 수 있습니다.

또한, 이렇게 알게 된 인공지능의 동작 인식 프로그램을 직접 만들어 생활 속 문제를 해결하는 데 사용해 볼 수도 있습니다. 아래는 티처블 머신을 활용해 쓰레기를 무단 투기하는 특정 동작을 학습시켜 이 동작을 구분할 수 있는 인공지능 동작 모델을 만드는 과정을 나타낸 것입니다. 이렇게 학습한 인공지능 모델을 이용해 스크래치, 엔트리 등과 같은 프로그래밍 언어를 활용하면 쓰레기 무단 투기를 적발하는 나만의 인공지능 프로그램을 완성할 수 있습니다.

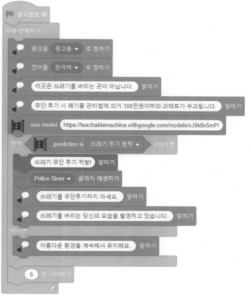

이제 인공지능은 우리 생활 속 깊숙이 들어와 우리의 생활을 안전하고 편리하게 해줄 뿐 아니라 사람이 직접 하기 어려운 일도 대신해 줍니다. 놀이를 통해 인공지능의 원리와 개념을 이해하고, 직접 프로그래밍 언어를 이용해 생활 속 문제를 해결하는 인공지능 프로그램을 만들 수 있다면, 인공지능 사회를 살아가는 멋진 주인공이 될 수 있을 것입니다.

CHAPTER 02

표현 및 추론

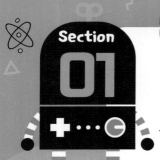

지식 그래프로 표현해요!

새로운 지식을 탐색해 볼 수 있는 지식 그래프 표현 놀이를 해 봅시다.

💡 수업 길잡이

난이도 ★★★★☆

소요시간 30분 이상

놀이인원 1인

준비물 부록(지식 그래프 활동지, 새로운 의미 만들기 활동지, 지식 그래프 표현하기 활동지), 가위, 필기구(연필 또는 색연필), 지우개

인공지능 놀이를 준비해요!

놀이 목표
지식 그래프를 그리는 방법 알기

놀이 약속
스스로 지식 그래프 완성하기

학교에서 이렇게 배워요!

수업 활동

• 6학년 > 1학기 > 수학 > 5. 여러 가지 그래프 > [7차시] 그래프를 해석해 볼까요?
• 중학교 > 정보 > 2. 자료와 정보 > 2. 자료와 정보의 분석 > [5차시] 정보의 구조화

이 놀이는

지식 그래프

인공지능은 수집된 다양한 데이터 속에서 패턴을 파악하고, 이를 체계화하여 사람이 찾지 못하는 새로운 지식을 발견할 수 있습니다. 이 놀이는 다양한 데이터들을 연결해 보며 또 다른 의미를 부여해 새로운 지식을 찾아내는 지식 그래프를 만들어 봄으로써, 인공지능이 지식을 표현하고 추론하는 방법에 대해 이해할 수 있습니다.

1 놀이 활동을 위해 지식 그래프 활동지(부록), 새로운 의미 만들기 활동지(부록), 지식 그래프 표현하기 활동지(부록), 가위, 필기구, 지우개 등이 필요합니다.

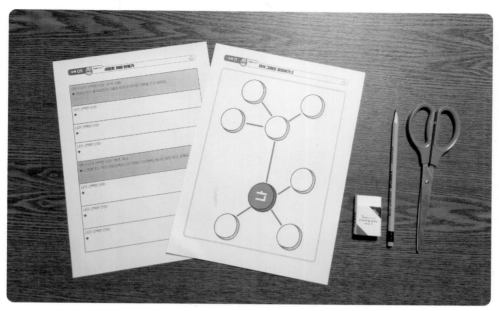

2 지식 그래프 활동지에 있는 지식 그래프를 보고 왼쪽 빈칸에 들어갈 적절한 말을 생각해 본 후, 다음 예시처럼 적어 봅시다. (예시) 이정재, 미국, 오징어 게임, 디즈니 등

 3 이번에는 오른쪽 빈칸에 들어갈 적절한 말을 생각해 보고 다음 예시처럼 적어 봅시다. (예시) 수익 창출, 독서, 음악 감상 등

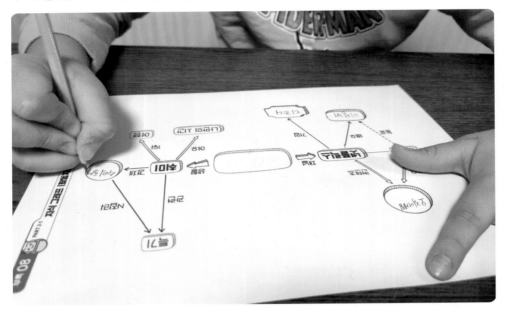

4 가운데 빨간색 빈칸에 들어갈 알맞은 말도 다음 예시처럼 적어 봅시다. (예시) 운동하기, 슬기로운 취미생활, 영화 보기, 딱지 등

완성한 지식 그래프를 살펴본 후 의미 있는 단어들을 선택해 아래에 있는 예시처럼 새로운 문장을 만들어 봅시다.

(예시) 내가 선택한 단어 : 미국, 여행
➔ 코로나19가 종식되면 친구들과 함께 미국으로 여행을 가고 싶어요.
내가 선택한 단어 :   ➔
내가 선택한 단어 :   ➔
내가 선택한 단어 :   ➔

6 지식 그래프 표현하기 활동지 1을 활용해 나와 친구 사이의 관계를 지식 그래프로 나타내 봅시다. 그리고 완성한 지식 그래프를 살펴본 후 의미 있는 단어들을 선택해 아래에 있는 예시처럼 새로운 문장을 만들어 봅시다.

(예시) 내가 선택한 단어 : 액션, 독서
➜ 나중에 멋진 액션 영화감독이 되기 위해서 지금부터 독서도 많이 하고, 운동도 많이 할래요.
내가 선택한 단어 : ➜
내가 선택한 단어 : ➜
내가 선택한 단어 : ➜

지식 그래프 표현하기 활동지 1을 모두 마무리하였다면 지식 그래프 표현하기 활동지 2를 활용해 자유롭게 나와 친구 사이에 떠오르는 이미지를 지식 그래프로 표현하고 새로운 의미를 찾아봅시다.

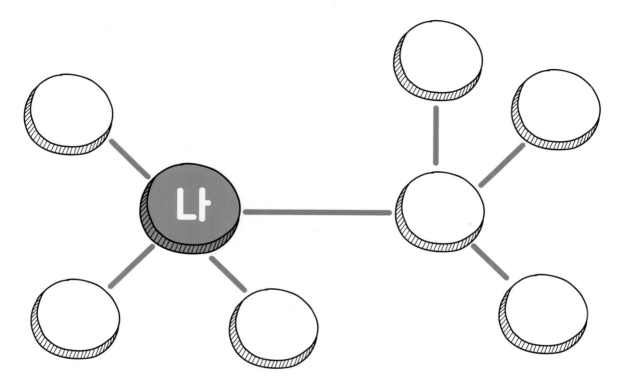

인공지능의 표현과 추론

지식 그래프란 데이터의 일종으로, 지식이라는 개념을 매우 구조적으로 구성한 것이라고 볼 수 있습니다. 예를 들어 코끼리라는 지식이 있을 때, 코끼리의 특징을 모두 데이터로 만들 수 있습니다. "코끼리는 동물이다", "코끼리는 코가 길다", "코끼리는 초식동물이다" 등으로 표현할 수 있고, 핵심 단어를 적어 연결함으로써 그래프 형태로 나타낼 수도 있습니다. 이처럼 지식 그래프는 사람이 기억으로 생성하고 활용하는 지식 정보를 서로 연결하고, 의미를 부여함으로써 컴퓨터가 좀 더 정확하고 많은 양의 새로운 지식을 탐색하는 기법으로 사용됩니다. 여기에 인공지능의 기술이 더해져, 인공지능이 스스로 데이터 속에서 패턴을 찾아 체계화함으로써 사람이 찾을 수 없었던 새로운 지식이나 아이디어, 문제 해결 방법을 찾아낼 수 있습니다.

이러한 지식 그래프는 검색 엔진에서도 활발하게 활용되고 있습니다. 예를 들어 구글 검색 창에 '타지마할'이라는 단어를 입력하면, 인도의 유명 유적지 타지마할 사진과 함께 지도, 주소, 연혁, 높이, 건축 양식, 건축가, 건물 기능 등 타지마할에 관한 각종 정보가 떠오릅니다. 연관 웹사이트 링크가 제시되는 건 물론이고 타지마할을 즐겨 찾는 이가 좋아할 만한 다른 유적지 사진도 제시합니다. 결과 창의 맨 아래쪽엔 '타지마할'이란 예명을 쓰는 미국의 유명 R&B 가수와 라스베이거스에 있는 '타지마할 리조트'도 나와 있어, 타지마할로 검색했을 때 이런 내용을 원했던 이들이라면 곧바로 이 영역을 클릭, 결과를 확인할 수 있습니다. 눈에 잘 보이고 검색이 쉬울 뿐 아니라 나오는 콘텐츠의 질과 양이 모두 총체적이라 할 수 있습니다. 이는 사용자가 검색한 키워드에 관한 콘텐츠를 지식 그래프가 총체적으로, 그리고 가시적으로 보여 주기 때문입니다. 이번 활동을 통해 앞으로 여러분도 뭔가 새로운 아이디어나 지식이 필요할 때 이렇게 유용한 지식 그래프를 그려서 해결해 보면 어떨까요?

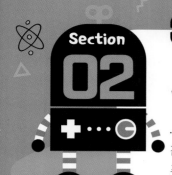

표현 및 추론

추천 시스템을 만들어요

친구들이 즐겨 먹는 간식 데이터를 수집하고 어떤 간식을 추천하면 좋을지 결정하는
추천 시스템 놀이를 해 봅시다.

수업 길잡이

난이도 ★★★★☆
소요시간 30분 이상
놀이인원 4인 이상
준비물 부록(데이터 기록
지, 데이터 추천 시스템
활동지), 가위, 필기구(연
필 또는 색연필), 지우개

인공지능 놀이를 준비해요!

놀이 목표
추천 시스템의 원리 이해하기

놀이 약속
친구들의 데이터 직접 수집해 보기

학교에서 이렇게 배워요!

수업 활동
• 3학년 > 2학기 > 수학 > 6. 자료의 정리 >
 [3차시] 자료를 수집하여 표로 나타내어 볼까요?
• 중학교 > 정보 > 2. 자료와 정보 > 2. 자료와 정보의
 분석 > [5차시] 정보의 구조화

이 놀이는 추천 시스템

수집한 정보를 필터링하는 기술을 응용한 인공지능 놀이입니다. 친구들이 과거에 좋아했던 간식 데
이터를 기반으로 다른 친구들과의 유사성을 확인해 그 친구가 좋아할 만한 간식을 예측해 추천할 수
있습니다. 추천 시스템이 일상생활 속에 어떻게 활용될 수 있는지 간접적으로 체험해 봅시다.

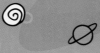

 놀이 활동을 위해 데이터 기록지(부록), 데이터 추천 시스템 활동지(부록), 가위, 필기구, 지우개 등이 필요합니다.

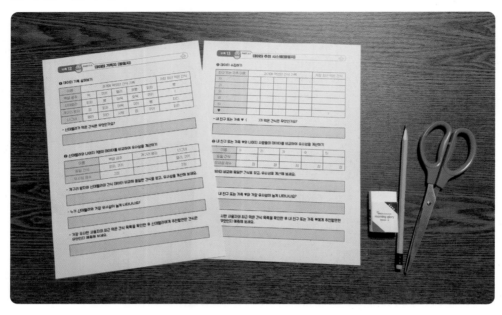

 데이터 기록지를 보고 추천 시스템 놀이의 원리를 알아봅시다.

이름	과거에 먹었던 간식 기록					가장 최근 먹은 간식
백설 공주	떡	쿠키	젤리	호빵	피자	빵
신데렐라	피자	빵	어묵	호떡	쿠키	?
개구리 왕자	껌	피자	어묵	쿠키	빵	치킨
나그네	젤리	치킨	사탕	껌	쿠키	피자

신데렐라와 다른 친구들 사이의 유사성 점수를 계산하려고 합니다. 유사성 점수를 계산하는 방법을 알아봅시다. 예를 들어 신데렐라와 백설 공주의 경우, 동일하게 먹은 간식은 '피자'와 '쿠키'입니다. 따라서 신데렐라와 백설 공주의 동일성 점수는 각 1점씩 획득해 총 2점이 됩니다.

이름	백설 공주	개구리 왕자	나그네
동일 간식	피자, 쿠키		쿠키
유사성 점수	2점		1점

유사성 점수를 계산한 결과를 토대로 누가 가장 신데렐라와 유사성이 높은지 알아봅시다.

5 신데렐라와 가장 유사한 사용자의 데이터를 다시 한번 살펴봅시다. 그리고 최근 먹은 간식 목록을 확인 후 신데렐라에게 추천할 만한 간식은 무엇일지 찾아봅시다.

6 데이터 추천 시스템 활동지를 활용해 직접 친구 또는 가족의 데이터를 수집해 봅시다. 마지막 ♥에 적힌 사람과 나머지 사람들의 데이터를 비교해 ♥에게 추천할 간식을 찾아야 합니다.

친구 또는 가족 이름	과거에 먹었던 간식 기록				가장 최근 먹은 간식
1)					
2)					
3)					
4)					
5)					
♥					?

7 데이터 추천 시스템 활동을 마무리하였다면 이 활동을 통해 알게 된 점을 생각해 봅시다.

인공지능의 추천 시스템

추천 시스템이란 방대한 데이터 중에서 일정한 규칙에 따라 사용자가 좋아할 만한 콘텐츠를 추천해 사용자의 만족도를 높이는 것을 의미합니다. 많이 알려진 추천 알고리즘으로는 '콘텐츠 기반 필터링'과 '협업 필터링'이 있습니다. '콘텐츠 기반 필터링'은 이름처럼 콘텐츠 정보를 기반으로 다른 콘텐츠를 추천하는 방식입니다. 예를 들어 영화 콘텐츠라면 영화의 줄거리, 등장 배우와 장르 등을 데이터화하고, 상품이라면 상품의 상세 정보를 분석하여 추천하는 방식입니다. 콘텐츠 기반 필터링의 장점은 콘텐츠 자체를 분석하는 것이기 때문에 초기에 사용자의 행동 데이터가 적더라도 추천이 가능합니다. 하지만 콘텐츠의 정보를 모두 함축하기가 쉽지 않다는 단점을 가지고 있습니다.

'협업 필터링'은 많은 사용자로부터 얻은 기호 정보에 따라 사용자들의 관심사를 자동으로 예측하는 방법입니다. 유사한 행동을 하는 사람들을 하나의 그룹으로 묶어서 그룹 내의 사람들이 공통으로 봤던 콘텐츠를 추천하는 방식입니다. 예를 들어, 쇼핑몰에서 상품을 구매하면 해당 상품을 구매한 사람들이 구매한 다른 상품들을 추천 상품으로 보여 주거나, SNS에서 나와 친구를 맺고 있는 사람들의 친구를 자동으로 추천해 주는 방식입니다. 앞의 활동에서 유사성을 계산하여 가장 유사한 사람이 먹은 간식 목록에서 추천할 만한 간식을 찾는 것과 같은 원리입니다. 하지만 이런 협업 필터링의 경우에도 기존 데이터가 없는 신규 사용자는 추천이 힘들다는 점 등의 한계를 가지고 있습니다. 여러분은 어떤 알고리즘을 사용해 친구에게 추천하고 싶은지 생각해 보세요.

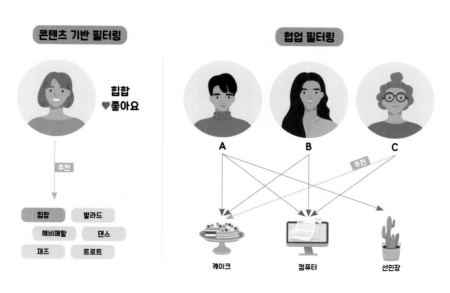

콘텐츠 기반 필터링 / 협업 필터링

학습

CHAPTER 03

데이터 은행 놀이

글자 데이터를 모아 낱말이 되었을 때 가치 점수를 얻게 되어 돈으로 바꿀 수 있는
데이터 은행 놀이를 해 봅시다.

 수업 길잡이

난이도 ★★★☆☆
소요시간 20분 이상
놀이인원 2~4인
준비물 부록(글자 데이터
카드, 종이 화폐), 가위

인공지능 놀이를 준비해요!

놀이 목표
데이터가 모여 가치 있는 정보가 되는
과정 이해하기

놀이 약속
놀이 후 카드 정리 스스로 하기

학교에서 이렇게 배워요!

수업 활동
• 3학년 > 2학기 > 수학 > 6. 자료의 정리 >
[3차시] 자료를 수집하여 표로 나타내어 볼까요?
• 4학년 > 2학기 > 사회 > 3. 사회의 변화와 문화의
다양성 > [5차시] 일상생활에서 정보를 이용하는
사례 찾아보기

 이 놀이는
데이터
수집 및 분석

어떤 의도나 목적을 포함하지 않고 수집된 '데이터'가 처리 및 분석의 과정을 거쳐, 의미가 부여된
'정보'가 되는 과정을 학습할 수 있는 놀이입니다. 정보가 된 데이터가 가치를 창출할 수 있음을 데이
터 은행 놀이를 통해 학습함으로써 데이터 및 정보의 중요성에 대해 이해할 수 있습니다.

인공지능 놀이를 위해 글자 데이터 카드(부록), 종이 화폐(부록), 가위가 필요합니다.

 부록에 있는 글자 카드와 종이 화폐를 오려 놀이를 준비합니다.

3 글자 카드를 섞어 각자 5장씩 가지고 5장은 바닥에 깐 후 남은 카드는 더미로 놓습니다. 가위
바위보를 통해 이긴 사람이 더미에서 카드를 1장 뽑고, 자신에게 필요한 카드면 가지고 필요
없는 카드면 버립니다. 손에는 항상 5장의 카드를 유지합니다. 만약 바닥에 원하는 카드가 있
다면 더미가 아닌 바닥에서 1장을 가져와도 좋습니다.

4 상대편 역시 같은 방법으로 플레이를 진행합니다. 원하는 글자가 모여 낱말이 완성되면 바닥
에 내려놓고, 데이터 은행에서 화폐와 교환할 수 있습니다. 예를 들어, (무), (지), (개)라는 각 글
자 데이터를 모아 '무지개'가 완성되었다면 1000원과 교환이 가능합니다.

5 만약 완성한 글자에서 여러 개의 낱말이 나온다면 데이터 은행으로부터 낱말의 수만큼 종이 화폐를 받습니다. 예를 들어 (우), (산), (대)라는 글자를 모았다면, '우산', '우산대' 모두 가능하므로 2000원을 받습니다.

6 더미 속 카드가 다 떨어질 때까지 놀이를 진행하고, 놀이가 끝나면 가진 종이 화폐를 계산해 더 많은 화폐를 가진 사람이 승리합니다.

데이터의 가치

빅데이터 시대가 되면서 데이터의 가치에 대한 인식이 많이 달라지고 있습니다. 미국, 유럽 연합 등에서는 데이터를 화폐와 다름없는 자산으로 인식하여 데이터 경제 활성화에 힘을 쓰고 있다고 합니다. 데이터를 공유하고 활용함으로써 부를 창출할 수 있음은 물론 데이터를 기반으로 하는 공공 서비스 제공으로 삶의 질 향상에도 많은 영향을 미치게 됩니다. 그렇다면 어떻게 이런 일이 가능할까요?

예를 들어 세계적인 기업인 구글은 데이터양이 많으면 많을수록 얻을 수 있는 정보의 품질이 좋아짐을 인터넷 검색에서 실천하고 있는 기업이라고 할 수 있습니다. 아마존의 경우, 사람들의 소비 패턴 데이터를 수집하고 분석하여 어떤 제품이 어느 시기에 많이 팔리는지를 예측해 준비하는 시스템을 통해 세계적인 기업이 되었습니다. 넷플릭스 역시 이용자의 영화 대여 목록 데이터에 기초하여 새로운 영화를 추천해 주는 시네 매칭 시스템을 개발하여 큰 성공을 거두었습니다.

또한, 코로나19의 장기화로 데이터 산업은 또 한 번 큰 변화를 맞이하고 있습니다. 재택근무와 온라인 쇼핑, 온라인 교육 등 사회 전반에 걸쳐 비대면 활동이 증가하면서 데이터 자원이 폭증하였기 때문입니다. 비대면의 일상화는 '데이터 경제(Data Economy)'의 확산을 더욱 촉진한다고 볼 수 있습니다. 앞으로도 더욱 그 가치가 커질 데이터, 데이터 은행 놀이로 우리 어린이들의 데이터 인식 능력을 키워 보도록 하세요.

데이터 가치 사슬(Data Value Chain)

데이터 가치 사슬 → 데이터 화폐화

데이터를 디지털 지식으로 변환

분석

저장

수집

From Data to Value creation

온라인 타겟 광고 판매 (구글, 페이스북)

전자상거래 플랫폼 운영 (아마존, 알리바바, 우버)

전통적 상품을 대여 서비스로 전환 (모바이크, 롤스로이스)

클라우드 서비스 대여 (아마존, 텐센트, 마이존디어)

출처: OECD(2020). p.56. 정용찬(2020)의 p.17 [그림 1] 재인용

Section 02

학습
예측이 필요해!

수집한 데이터를 그래프로 그리고 어떻게 변화하는지 살펴본 후 다음에 올 값을 예측하는 놀이를 해 봅시다.

 수업 길잡이

난이도 ★★★★☆
소요시간 30분 이상
놀이인원 1인
준비물 부록(예측 그래프 그리기 활동지), 가위, 필기구(연필 또는 색연필), 지우개

인공지능 놀이를 준비해요!

놀이 목표
데이터 경향성의 개념 이해하기

놀이 약속
스스로 그래프를 완성하고 데이터 경향성 발견하기

학교에서 이렇게 배워요!

수업 활동
• 4학년 > 2학기 > 수학 > 5. 꺾은선 그래프 > [5차시] 자료를 조사하여 꺾은선 그래프로 나타내어 볼까요?
• 6학년 > 1학기 > 수학 > 5. 여러 가지 그래프 > [7차시] 그래프를 해석해 볼까요?

 이 놀이는

데이터 경향성

데이터가 모임으로써 생기는 특정한 흐름을 찾아내 경향성을 파악해 보는 활동입니다. 경향성을 파악하면 아직 알지 못하는 값도 예측할 수 있습니다. 인공지능이 수많은 데이터 속에서 어떻게 규칙을 파악하고 스스로 학습해 새로운 값을 예측할 수 있는지 생각해 볼 수 있습니다.

   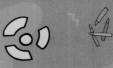

 1 인공지능 놀이를 위해 예측 그래프 그리기 활동지(부록), 가위, 필기구 등이 필요합니다.

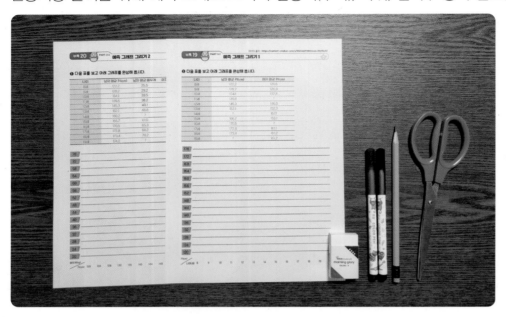

 2 부록에 있는 예측 그래프 그리기 활동지 1의 표를 살펴봅니다.

나이	남자 평균 키(cm)	여자 평균 키(cm)
8세	122.2	120.6
9세	128.2	126.9
10세	134.1	132.8
11세	139.8	?
12세	145.3	146.0
13세	152.1	152.3
14세	?	157.1
15세	166.7	159.1
16세	170.5	?
17세	172.8	161.1
18세	173.4	161.2
19세	?	161.2

- 어떤 데이터인가요?

표의 값을 확인하며 그래프에 남자와 여자의 평균 키값 데이터를 표시해 봅니다. 남자의 경우 파란색 색연필로, 여자의 경우 빨간색 색연필로 표시합니다. 중간에 물음표로 된 빈 값은 표시 하지 않습니다.

 나이별 남자의 키값이 표시된 파란색 점을 자로 이어 봅니다. 그리고 8세 남자의 키값에 찍힌 점과 18세 남자의 키값에 찍힌 점을 바로 이어 봅니다. 성장기 나이의 변화에 따라 남자의 키 값은 어떻게 변하고 있는지 생각해 봅시다.

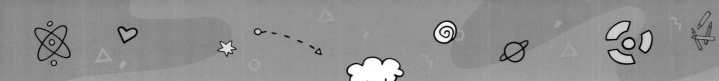

 나이별 여자의 키값이 표시된 빨간색 점을 자로 이어 봅니다. 그리고 8세 여자의 키값에 찍힌 점과 19세 여자의 키값에 찍힌 점을 바로 이어봅니다. 성장기 나이의 변화에 따라 여자의 키값은 어떻게 변하고 있는지 생각해 봅시다.

- 남자의 키 변화와 여자의 키 변화를 보면서 비슷한 점과 차이점을 찾아봅시다.

- 남자 14세, 19세의 키값은 얼마일 것으로 예측할 수 있을까요?

- 여자 11세, 16세의 키값은 얼마일 것으로 예측할 수 있을까요?

부록에 있는 예측 그래프 그리기 활동지 2의 표를 살펴봅니다.

나이	남자 평균 키(cm)	남자 평균 몸무게(kg)	여자 평균 키(cm)	여자 평균 몸무게(kg)
8세	122.2	25.5	120.6	24.0
9세	128.2	29.2	126.9	27.3
10세	134.1	33.5	132.8	31.1
11세	139.8	38.2	139.1	?
12세	145.3	43.1	146.0	40.8
13세	152.1	48.8	152.3	46.1
14세	160.2	?	157.1	50.5
15세	166.7	61.0	159.1	53.3
16세	170.5	65.3	160.4	?
17세	172.8	68.2	161.1	56.8
18세	173.4	70.2	161.2	57.5
19세	174.0	?	161.2	58.0

- 어떤 데이터인가요?

 표의 값을 확인하며 그래프에 남자와 여자의 평균 키값에 따른 몸무게값 데이터를 표시해 봅니다. 남자의 경우 파란색 색연필로, 여자의 경우 빨간색 색연필로 표시합니다. 중간에 물음표로 된 빈 값은 표시하지 않습니다. 앞의 활동과 마찬가지로 파란색 점과 빨간색 점을 각각 자로 이어 봅니다.

 남자의 키값 변화에 따라 몸무게값은 어떻게 변하고 있는지 생각해 봅시다. 또 여자의 키값 변화에 따라 몸무게값은 어떻게 변하고 있는지 생각해 봅시다.

- 남자의 몸무게 변화와 여자의 몸무게 변화를 보면서 비슷한 점과 차이점을 찾아봅시다.

- 남자 14세, 19세의 몸무게값은 얼마일 것으로 예측할 수 있을까요?

- 여자 11세, 16세의 몸무게값은 얼마일 것으로 예측할 수 있을까요?

앞의 활동을 모두 완성했다면 다음 그래프를 읽어 봅시다.

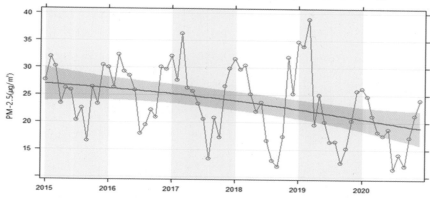

【 2015년 이후 연간 월별 초미세먼지 농도 변화 추이】

- 무엇을 나타내고 있는 그래프인가요?

- 해마다 초미세먼지 농도는 어떻게 변화하고 있나요?

- 2015년 약 27㎍/㎥였던 초미세먼지 농도가 2017년에 약 25㎍/㎥가 되었고, 2019년에는 23㎍/㎥가 되었습니다. 2021년에는 약 19㎍/㎥ 정도로 예상되며, 이대로 변화 추이가 지속된다면 2023년쯤에는 초미세먼지의 농도가 어느 정도 될 것으로 생각되나요? 그렇게 판단한 이유도 적어 봅시다.

데이터 경향성

데이터 경향성이란 데이터들이 모여 특정한 흐름을 가지는 것을 의미합니다. 앞의 활동에서 여러분은 표를 읽고, 그래프를 그려 보았습니다. 그리고 그래프 속 점을 연결해 데이터값이 어떻게 변화하는지도 살펴보았습니다. 그 결과 성장기 남자와 여자 모두 특정 나이가 될 때까지는 키가 커지고 몸무게도 늘어난다는 것을 알 수 있습니다. 이와 같은 일련의 활동을 우리는 '데이터 분석'이라고 합니다. 데이터 분석을 통해 데이터 간의 상관관계를 파악하고, 경향성도 파악할 수 있습니다. 또한, 이렇게 파악한 경향성을 토대로 나타나지 않은 값에 대해서도 예측할 수 있습니다.

추세선이란 차트에서 특정한 지점들을 연결한 선으로, 이것으로 데이터의 흐름을 알 수 있습니다. 추세선이 개별적인 데이터값을 정확하게 알려 주지는 못하지만, 전체적인 흐름, 즉 경향성을 찾을 수 있게 해 주기 때문에 비어 있어서 알지 못하는 값이나 미래의 값을 예측하는 데 도움을 줄 수 있습니다. 인공지능도 수많은 데이터 속에서 특정한 패턴이나 흐름을 파악하고, 이를 이용해 알고자 하는 값을 예측할 수 있는데 이를 '예측(회귀) 모델'이라고 합니다.

여러분이 많이 사용하는 엔트리 블록 코딩에서도 이와 같은 예측(회귀) 모델을 만들어 어떤 값을 예측해 볼 수 있습니다. 예를 들어 다음 그림은 엔트리에서 연도별 달걀의 물가 지수 변화를 그래프로 그리고, 회귀식을 구한 예측 모델의 모습입니다. 달걀의 물가 지수를 알고 싶은 연도를 입력하면 예측값을 알려 줍니다. 이때 인공지능은 주어진 데이터 속에서 데이터값을 대표할 수 있는 하나의 선, 즉 회귀식을 구해 이와 같은 예측이 가능했던 것입니다. 알면 알수록 신기한 인공지능의 세계, 여러분이 알고 싶은 것을 예측하게 만드는 인공지능 모델을 만들어 보면 어떨까요?

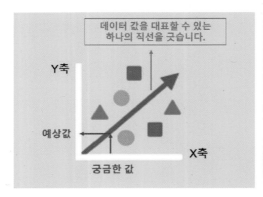

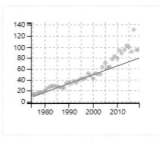

회귀식
$Y = +1.59X_1 - 3149.21$

학습

비슷한 것끼리 묶어요!

다양한 동물 카드를 살펴보고 몇 개의 그룹으로 나눠 본 뒤, 각 그룹이 어떤 특성을 가진 그룹인지 알아보는 놀이를 해 봅시다.

 수업 길잡이 . . . .

난이도 ★★★★☆
소요시간 20분 이상
놀이인원 2인 이상
준비물 부록(동물 카드, 학습 완료/미완료 카드), 가위

인공지능 놀이를 준비해요!

놀이 목표
비지도 학습의 군집 모델 이해하기

놀이 약속
데이터를 그룹화하는 기준 스스로 생각해 보기

학교에서 이렇게 배워요!

수업 활동
• 2학년 > 1학기 > 수학 > 5. 분류하기 >
 [3차시] 기준에 따라 분류해 볼까요?
• 4학년 > 1학기 > 수학 > 6. 규칙 찾기 >
 [4차시] 도형의 배열에서 규칙을 찾아볼까요?

이 놀이는

비지도학습
(군집화)

각 플레이어가 자신의 동물 카드를 2개 또는 3개 그룹으로 나눈 후 서로 그 결과를 비교해 보고, 어떤 특성에 따라 그룹화한 것인지 이야기 나누면서 비지도 학습 방법에 대해 이해하는 놀이입니다. 정답이 없는 수많은 데이터 속에서 파악한 특성에 따라 몇 개의 그룹으로 분류해 가는 인공지능의 군집화에 대해 알 수 있습니다.

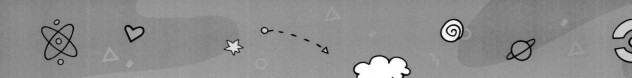

1 인공지능 놀이를 위해 동물 카드(부록), 학습 완료/미완료 카드(부록), 가위가 필요합니다.

2 부록에 있는 동물 카드를 모두 오린 후 섞어 놀이를 할 준비를 합니다.

섞여 있는 카드를 살펴본 뒤 2개의 그룹으로 나눕니다. 단, 그룹으로 나눌 때는 나름의 기준이 필요합니다. 예를 들어 무채색(검은색, 흰색, 회색)인 것과 아닌 것, 줄무늬가 있는 것과 없는 것 등이 기준이 될 수 있습니다.

나누어진 그룹을 함께 다시 한번 살펴봅니다. 적합한 기준으로 명확하게 분류를 잘했다면 학습 완료 카드를 받을 수 있습니다. 예시에서는 무채색인 동물과 무채색이 아닌 동물로 분류하였습니다.

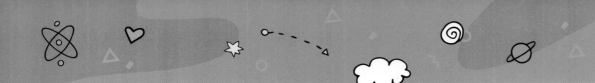

5 기준이 불명확한 경우 또는 기준은 명확하나 동물 카드의 분류가 잘못된 경우는 없는지 살펴봅니다. 예를 들어 내가 좋아하는 동물 카드, 내가 좋아하지 않는 동물 카드와 같은 기준은 사람마다 다를 수 있어 명확한 기준이라 볼 수 없습니다. 또는 기준은 바로 세웠으나 분류가 잘못되었을 수 있으니 확인하고, 잘못되었다면 학습 미완료 카드를 받습니다.

6 다시 카드를 섞습니다. 이번에는 각 플레이어가 카드를 3개의 그룹으로 나눕니다. 마찬가지로 그룹을 나눌 때는 명확한 기준이 필요합니다. 섞여 있는 동물 카드를 잘 보고 그 속에서 3개의 그룹으로 나눌 수 있는 기준을 찾아봅니다.

3개의 그룹으로 나눠진 카드를 보고 어떤 기준으로 분류하였는지 이야기를 나눠 봅니다. 만약 명확한 기준으로 분류가 제대로 되었다면 학습 완료 카드를 받습니다. 예시에서는 귀가 쫑긋 하면서 줄무늬가 있는 동물, 귀가 쫑긋하지만 줄무늬가 없는 동물, 귀가 내려가 있으면서 줄무늬가 없는 동물로 나누었습니다.

8 만약 기준이 명확하지 않거나 잘못 분류되었다면 학습 미완료 카드를 받습니다.

9 이와 같은 방법으로 그룹을 2, 3, 4개 등으로 계속해서 나눠 볼 수 있습니다. 카드를 분류하다 보면 어떤 카드는 다른 카드에 비해 여러 가지 특성이 있어서 분류가 어려울 수 있습니다. 어떤 카드가 이에 해당했는지 자신에게 어려웠던 카드를 찾고, 그 카드의 특성에 대해 다시 한 번 생각해 봅니다. 게임을 완료한 후 자신이 받은 학습 완료 카드가 몇 장인지 확인합니다.

-선택한 그 카드는 어떤 특성을 가지고 있어서 다른 카드와 섞여 있을 때 분류하기가 어려웠나요?

-내가 받은 학습 완료 카드는 모두 몇 장인가요?

비지도 학습

문제와 함께 정답(레이블)까지 알려 주는 지도 학습과 달리 비지도 학습은 문제는 알려 주되 정답까지는 알려 주지 않는 학습 방식을 말합니다. 즉, 여러 문제를 학습함으로써 해당 데이터의 패턴, 특징 및 구조를 스스로 파악하고, 이를 통해 새로운 데이터에서 일정한 규칙성을 찾는 방법입니다.

비지도 학습은 구체적인 결과에 대한 사전 지식은 없지만 결과 데이터를 통해 유의미한 지식을 얻고자 할 때 사용되며, 사람도 제대로 알 수 없는 본질적인 문제나 데이터에 숨겨진 특징 또는 구조 등을 연구할 때 많이 활용됩니다. 사람 없이 컴퓨터가 스스로 레이블되어 있지 않은 데이터에 대해 학습하는 것, 즉 y 없이 x만 이용해서 학습하는 것으로, 정답이 없는 문제를 푸는 것이기 때문에 학습이 맞게 되었는지 확인할 길은 없습니다. 하지만 인터넷에 있는 거의 모든 데이터가 레이블이 없는 형태로 되어 있기 때문에 앞으로 머신러닝이 나아갈 방향을 비지도 학습 방법으로 보는 사람이 많습니다.

비지도 학습에서 가장 대표적으로 많이 사용하는 모델이 '군집화' 또는 '클러스터링'이라고 불리는 것입니다. '군집화'는 레이블이 없는 학습 데이터들의 특징을 분석하여 서로 동일하거나 유사한 특징을 가진 데이터끼리 그룹화함으로써 레이블이 없는 학습 데이터를 군집(또는 그룹, cluster)으로 분류합니다. 그리고 새로운 데이터가 입력되면 지도 학습의 분류 모델처럼 학습한 군집을 기반으로 해당 데이터가 어느 군집에 속하는지를 분석하는 것입니다. 동물 카드 놀이에서 정해진 기준이나 클래스 없이 2개 또는 3개의 그룹으로 나눈 뒤 나눠진 그룹을 보면서 어떤 특성이 있는 그룹인지 확인했던 것처럼 말입니다. 정해진 기준이 없기 때문에 분류할 때마다 그룹이 서로 다르게 나뉠 수 있는 것도 비지도 학습 군집 모델의 특징입니다.

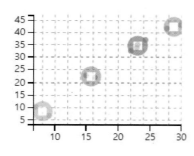

■ 군집 1의 중심점
주중 평균 (회): 28.75
주말 평균 (회): 42.45

■ 군집 3의 중심점
주중 평균 (회): 15.65
주말 평균 (회): 22.2

■ 군집 2의 중심점
주중 평균 (회): 8.05
주말 평균 (회): 8.2

■ 군집 4의 중심점
주중 평균 (회): 23.07
주말 평균 (회): 34.7

▶ 사람들의 일 평균 스마트폰 사용 횟수 데이터를 가져와 주중 평균과 주말 평균을 핵심 속성으로 하여 4개의 그룹으로 나눈 결과
▶ 4개의 그룹으로 나눴더니 군집1이 스마트폰 사용 횟수가 많은 그룹으로 나타났으며 군집2가 가장 적게 사용하는 그룹으로 나타남

CHAPTER 04

상호작용

Section
01

상호작용

나만의 인공지능 비서

질문에 따라 나의 정보를 적고, 서로가 질문을 하여 맞출 때마다 내 인공지능
비서 로봇이 하나씩 완성되어 가는 인공지능 비서 놀이를 해 봅시다.

수업 길잡이 · · · · · · ·

난이도 ★★★☆☆
소요시간 30분 이상
놀이인원 2인 이상
준비물 부록(로봇 부품
카드, 질문 카드), 가위

인공지능 놀이를 준비해요!

놀이 목표
초개인화 서비스에 대해 이해하기

놀이 약속
규칙에 따라 놀이 진행하기

학교에서 이렇게 배워요!

수업 활동
• 4학년 > 2학기 > 사회 > 3. 사회 변화와 문화의
  다양성 > 1. 사회 변화로 나타난 일상생활의 모습 >
  [5차시] 일상생활에서 정보를 이용하는 사례 찾아보기
• 6학년 > 실과 > 3. 소프트웨어와 생활 > [1–2차시]
  소프트웨어는 우리 생활에 어떤 영향을 미칠까요?
• 중학교 > 정보 > 1. 정보문화 > 정보사회 >
  정보기술의 발달

이 놀이는

초개인화

인공지능 비서가 사용자에 대한 데이터를 획득해 감에 따라 개인에 맞춰 더욱 원활하게 의사소통이
되는 과정을 표현한 활동입니다. 사용자 데이터를 획득할 때마다 나만의 인공지능 비서 로봇이 완성
되는 모습을 보면서 데이터의 중요성은 물론, 갈수록 개인화되어가는 인공지능 시스템의 발전에 대
해 생각해 볼 수 있습니다.

1 인공지능 놀이를 위해 로봇 부품 카드(부록), 질문 카드(부록), 가위가 필요합니다.

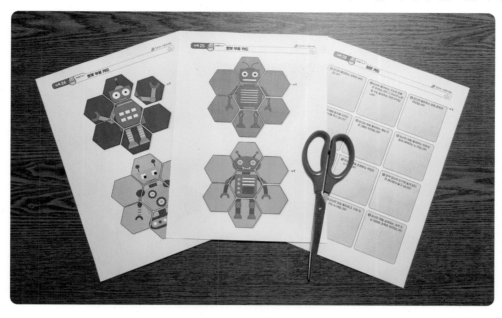

2 부록에 있는 로봇 부품 카드, 질문 카드를 모두 오린 후 놀이를 할 준비를 합니다. 가위바위보로 인공지능 비서 로봇 역할을 할 사람과 사용자 역할을 할 사람을 정합니다.

3 사용자 역할을 맡은 사람은 질문 카드마다 자신에 대한 정보를 적습니다. 인공지능 비서 로봇 역할을 맡은 사람은 부품 카드를 섞어 놓되, 자신이 원하는 색깔의 인공지능 비서 로봇의 가운데 몸통 카드만 가지고 옵니다.

4 사용자가 질문지에 정답을 다 적은 후 인공지능 비서에게 보여 줍니다. 이때 제한 시간은 10초 입니다. 인공지능 비서 역할을 맡은 사람은 10초간 빠르게 질문지에 적힌 사용자에 관한 데이터를 확인합니다.

10초 후 사용자가 인공지능 비서에게 질문합니다. 질문에 대한 답이 맞으면 인공지능 비서 로봇은 부품 카드를 1장 가져올 수 있습니다. 총 6개의 질문을 할 수 있고, 맞힐 때마다 부품 카드를 가져와 인공지능 비서 로봇을 완성할 수 있습니다. 만약 대답을 잘못했다면 부품 카드를 가져올 수 없습니다.

6 인공지능 비서 로봇이 모두 완성되었나요? 역할을 바꿔 다시 한번 실시해 인공지능 비서 로봇 부품 카드를 더 많이 모은 사람이 승리합니다.

초개인화 기술

　'초개인화 기술'이란 실시간으로 소비자의 상황과 맥락을 파악해 고객의 요구를 예측하고 서비스와 상품을 제공하는 인공지능 기술을 말합니다. 방대한 데이터와 정교한 알고리즘으로 완벽하게 개인 맞춤형 서비스를 제공할 수 있는 것입니다. 예를 들어 스마트폰으로 쇼핑하다가 잠깐 SNS를 켰을 때 SNS 광고상에 방금 내가 봤던 쇼핑 앱이나 상품이 뜨는 식으로, 웹 페이지 방문부터 검색 및 제품 추천까지 고객의 구매 여정 전반에 걸쳐 개인화를 만들어 내는 겁니다.

　한 경제 잡지에 따르면, 86%의 소비자들이 개인화 서비스가 구매에 어느 정도 영향을 미친다고 답했고, 그중 25%는 개인화가 그들의 구매 결정에 중대한 영향을 끼친다고 응답했습니다. 이렇듯 초개인화 기술은 소비자의 취향을 맞춤으로써 소비자와 판매자 간의 관계를 섬세하게 조정하는 도구가 되고 있습니다. 사실 쇼핑뿐만 아니라 우리가 흔히 사용하는 음원 스트리밍 서비스나 영화 추천 시스템에서도 이러한 기술을 살펴볼 수 있습니다. 이렇게 개인화 서비스를 구현하려면 두 가지의 알고리즘이 필요합니다. 그게 바로 협업 필터링과 콘텐츠 기반 필터링이며 이는 지난 〈추천 시스템을 만들어요〉 놀이 활동에서 살펴보았습니다.

　또 하나 개인화 기술의 특징 중 중요한 것이 바로 실시간성입니다. 실시간성은 서비스 제공의 반응 속도를 말합니다. 그전엔 나와 비슷한 사람들을 분석해 추천했다면, 실시간성은 오로지 나를 분석한 나만의 맞춤형 추천이라고 할 수 있습니다. 예를 들어 음원 스트리밍 서비스에서 단순히 음악을 추천해 주던 것에서 벗어나 내가 음악을 듣는 시간에 따라 알아서 앱이 실시간으로 실행되게끔 제안하는 걸 말합니다. 내가 자주 듣는 가수와 관련된 실시간 이슈를 알려 주거나 시간대별로 다른 플레이리스트를 제안하는 것도 실시간성 특징 중 하나입니다. 이렇게 나에 대한 데이터를 바로바로 수집하고, 분석해 나에게 꼭 맞는 맞춤형 서비스를 제공해 주는 인공지능 비서가 내 옆에 있다면 정말 좋지 않을까요?

Section 02

상호작용

역할 사다리를 타요!

사다리 타기를 통해 역할을 정하고 인공지능이 사람과 함께 우리 사회에
어떤 모습으로 살아가게 될지 알아보는 역할극을 해 봅시다.

💡 **수업 길잡이** ·······

난이도 ★★★☆☆
소요시간 30분 이상
놀이인원 2인
준비물 부록(역할 사다리
판, 역할놀이 대본), 가위

인공지능 놀이를 준비해요!

놀이 목표
인공지능과 사람이 상호작용하는 모습에
대해 이해하기

놀이 약속
역할에 따라 실감 나게 역할극 시연하기

학교에서 이렇게 배워요!

수업 활동
• 2학년 > 2학기 > 국어 > 국어 2-2 ㉯/국어활동 2-2
㉯ > 11. 실감나게 표현해요 > [9-10차시] 인물의 말과
행동을 실감나게 표현하며 역할극 하기
• 6학년 > 실과 > 3. 소프트웨어와 생활 > [1-2차시]
소프트웨어는 우리 생활에 어떤 영향을 미칠까요?
• 중학교 > 정보 > 1. 정보문화 > 정보사회 >
정보기술의 발달

이 놀이는

**인공지능과의
상호작용**

인공지능과 사람이 함께 상호작용하며 살아가는 미래의 모습을 역할극으로 표현하는 활동입니다. 역
할 사다리를 직접 만들어 역할을 정하고, 역할극을 실감나게 해 봄으로써 미래 사회의 변화는 물론
인공지능과 사람이 어떻게 상호작용하게 될지 간접적으로 체험할 수 있습니다.

 인공지능 놀이를 위해 역할 사다리판(부록), 역할놀이 대본(부록), 가위가 필요합니다.

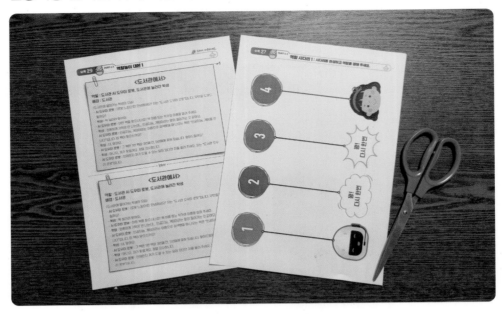

2 부록에 있는 역할 사다리판, 역할놀이 대본을 모두 오린 후 놀이를 할 준비를 합니다. 역할놀이 대본은 가운데 선을 잘라 활용할 수 있습니다.

미완성된 사다리판 사이사이에 선을 그어 사다리판을 완성합니다. 선을 그을 때 미리 길을 알 수 없도록 위에 적힌 번호와 아래의 역할을 가리는 것이 좋습니다.

4 사다리판을 완성했다면 가위바위보로 선 플레이어를 정한 후 이긴 사람이 먼저 사다리 타기를 합니다. 사다리 타기를 통해 역할을 정하되, 꽝이 나왔을 경우 다른 플레이어에게 기회가 넘어 갑니다.

5   역할이 정해졌다면 자신이 맡은 부분의 대사를 연습합니다. 대사를 외우면 더욱 실감나게 연기를 펼칠 수 있습니다. 또한, 움직이는 장면 등에서는 동선을 어떻게 할 것인지도 미리 협의하도록 합니다.

6   연습이 마무리되었다면 역할극을 시연합니다. 2편의 역할극을 모두 위와 같은 방법으로 차례대로 시연해 봅니다.

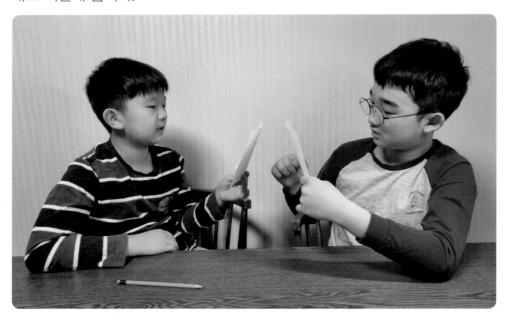

7 역할극 시연이 끝난 후 역할극 상황 속에 인공지능 로봇과 사람이 어떻게 상호작용했는지 이야기를 나눠 봅시다.

8 이번에는 직접 상황을 설정하고 역할극 대본을 작성해 친구와 함께 인공지능과 사람이 상호작용하며 일을 해결해 가는 과정을 표현해 보도록 합니다.

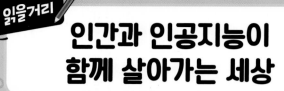
인간과 인공지능이 함께 살아가는 세상

　인간과 인공지능의 상호작용이란 어떻게 하면 사람이 쉽고 편리하게 인공지능과 상호작용할 수 있을지를 연구하는 분야를 의미합니다. 인간과 인공지능 시스템의 상호작용뿐 아니라 인공지능 시스템을 매개하여 인간과 인간 사이에 발생하는 상호작용까지도 포함할 수 있습니다. 인간과 인공지능이 보다 원활하게 상호작용하도록 하려는 연구의 목적은 기능성과 사용 편의성을 높이고, 안정성을 확보할 뿐 아니라 효율성과 효과성까지 고려된 컴퓨터 시스템을 만드는 것과 연관이 있습니다.

　인공지능을 사용하는 사람으로서는 오류의 발생률을 줄이고, 인공지능 시스템을 이용함으로써 인간이 직접 일을 할 때의 피로감을 줄일 수 있습니다. 또한, 사용자 만족감과 일에 대한 성취감을 높일 수 있으며 사용자의 시간 활용을 최대화할 수 있습니다. 이렇게 인공지능과 인간의 상호작용을 극대화하기 위해서는 인간과 인공지능이 의사소통할 수 있도록 해야 합니다. 따라서 음성 합성 및 음성 인식 기술, 문자 인식, 필기체 인식, 이미지 인식, 자연어 인식과 관련된 기술의 발전에 힘쓰고 있는 것입니다.

　본 활동에서 해 본 역할극은 그런 의미에서 다양한 의미를 내포하고 있습니다. 학생이 도서관을 들어갔을 때 이를 인식하고 인사하는 장면, 학생이 도움이 필요한 부분을 말로 하자 이를 자연어 처리 기술을 포함한 음성 인식 기술로 이해하여 적절한 처리를 수행하는 과정 등이 모두 인공지능과 인간이 상호작용된 결과라 할 수 있습니다. 인공지능과 함께 살아갈 세상이 어떻게 느껴지나요? 인공지능과 함께 새롭게 다가올 미래 사회를 상상해 보세요.

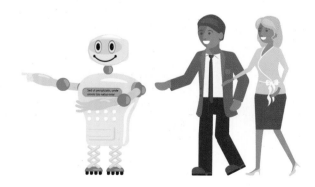

현명한 공존을 위해 생각해야 할 것

앞에서 살펴보았듯이 인공지능과 인간이 함께 살아가는 세상은 인간이 하기 어려운 일을 인공지능이 대신해 줌으로써 지금보다 훨씬 편리해질 것입니다. 하지만 이것은 어디까지나 인공지능을 현명하게 활용했을 때의 결과이며, 만약 인공지능을 잘못 활용하거나 맹신한다면 오히려 인간의 생명을 위협하거나 위험에 빠트릴 수 있습니다. 예를 들어 인공지능 의사로 불리는 AI 진단 시스템은 인간을 대신하여 방대한 데이터를 분석해 환자의 병명을 진단하고 적절한 치료법을 제시할 수 있지만, 제공하는 데이터의 질과 양에 따라 잘못 진단하고 부적절한 치료법을 제시할 가능성도 있습니다. 이런 경우 환자의 생명과 직결되는 문제이기 때문에 인공지능 의사의 활용을 신중히 해야 합니다.

또한, 인공지능의 학습을 위해 제공되는 방대한 데이터의 수집은 자칫 사람들의 개인 정보를 무분별하게 사용하는 결과를 초래할 수 있습니다. 특히 사람의 얼굴이나 목소리 등은 개인을 식별할 수 있는 매우 중요한 개인 정보이기 때문에, 잘못 사용되거나 유출되었을 때 심각한 문제를 일으킬 수 있습니다. 또한 이 경우에도 인공지능이 잘못된 판단을 하면 무고한 사람을 범죄자로 판단하거나 다른 사람으로 인식해 제2의 피해가 발생하게 됩니다. 따라서 인공지능과 함께 살아가는 세상에서는 인공지능을 현명하게 사용하는 방법에 대한 교육이 필요합니다. 더불어 인공지능 윤리 의식에 대한 교육을 통해 인공지능을 사용하는 사람은 물론 인공지능을 만드는 사람 모두 다른 사람 또는 특정 사람들이 피해를 보지 않도록 각별한 주의를 기울이는 노력이 필요할 것입니다.

CHAPTER 05

사회적 영향

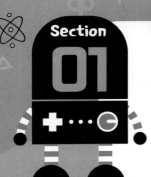

AI 빙고를 외쳐요!

연상 카드를 선택해 나온 주제와 관련된 낱말을 빙고판에 채우고 하나씩 지워 나가는 AI 빙고 놀이를 해 봅시다.

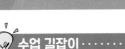

수업 길잡이

난이도 ★★★☆☆
소요시간 20분 이상
놀이인원 2인 이상
준비물 부록(빙고판, 연상 카드), 가위, 필기구 (연필 또는 색연필)

인공지능 놀이를 준비해요!

놀이 목표
우리 생활 속 인공지능 떠올리기

놀이 약속
빙고판을 채울 때 상대편 빙고판을 보지 않기

학교에서 이렇게 배워요!

수업 활동
• 4학년 > 2학기 > 사회 > 3. 사회 변화와 문화의 다양성 > 1. 사회 변화로 나타난 일상생활의 모습 > [6차시] 정보화 사회의 문제점과 해결 방안 알아보기
• 6학년 > 실과 > 3. 소프트웨어와 생활 > [1-2차시] 소프트웨어는 우리 생활에 어떤 영향을 미칠까요?
• 중학교 > 정보 > 2. 정보윤리 > 사이버윤리 > 사이버윤리의 필요성알기

이 놀이는

AI 시티

인공지능 시대와 관련된 주제로 빙고 놀이를 함으로써 인공지능이 우리 생활에 어떤 영향을 미치고 있는지 알 수 있는 활동입니다. 다양한 연상 주제를 통해 빙고판을 완성하고 이를 이용해 빙고 놀이를 해 보면서 인공지능이 우리 생활에 얼마나 깊숙이 들어와 있는지, 긍정적 또는 부정적으로 미치는 영향은 무엇인지 생각해 볼 수 있습니다.

1 인공지능 놀이를 위해 빙고판(부록), 연상 카드(부록), 필기구, 가위가 필요합니다.

2 부록에 있는 빙고판과 연상 카드를 모두 오린 후 놀이를 할 준비를 합니다. 다 자른 연상 카드를 섞어서 뒤집어 놓습니다.

3 연상 카드 중 1장을 뽑습니다. 나온 주제를 확인하고 해당 주제와 관련된 단어를 떠올려 빙고 판을 채웁니다. 예를 들어 연상 주제에 〈인공지능 하면 떠오르는 가전기기〉라고 나온다면 AI 냉장고, AI 로봇 청소기 등의 단어로 빙고판을 채워야 합니다.

4 플레이어가 모두 빙고판을 채웠다면 빙고 게임을 시작합니다. 이긴 사람부터 1개씩 단어를 이 야기하고, 상대편이 말한 단어가 내 빙고판에 있다면 해당 빙고판을 색칠할 수 있습니다.

3×3 빙고판에 가로, 세로, 대각선으로 3줄이 색칠되었다면 'AI 빙고'를 외칩니다. 먼저 'AI 빙고'를 외친 사람이 승리합니다.

6 첫 번째 라운드가 끝났다면 두 번째 라운드를 시작합니다. 두 번째 라운드에서도 먼저 연상 카드를 뽑습니다.

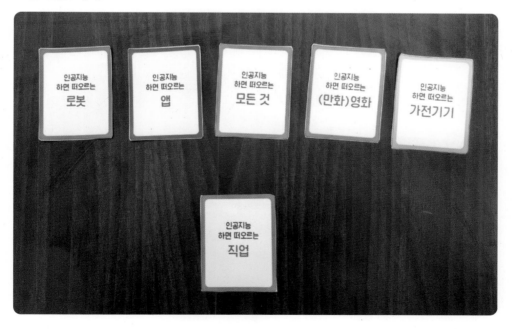

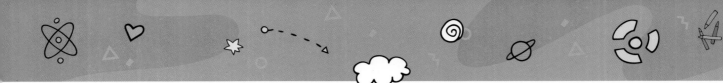

7 이번에는 4×4 빙고판에 연상 카드에서 나온 주제와 관련된 단어를 채워야 합니다. 16칸을 모두 채우려면 시간이 걸릴 수 있습니다. 제한 시간은 5분으로 하되, 5분이 다 되어도 채우지 못한 칸은 꽝으로 두고 게임을 진행합니다. 단, 꽝이 있는 줄은 빙고 1줄로 인정받을 수 없으므로 되도록 빈 칸 없이 게임이 이루어질 수 있도록 합니다.

8 플레이어가 모두 빙고판을 채웠다면 빙고 게임을 시작합니다. 이번 라운드에서는 4×4 빙고판에 가로, 세로, 대각선으로 4줄이 색칠되었다면 'AI 빙고'를 외칠 수 있습니다.

인공지능 기반의
스마트 시티

최근 인공지능 기술이 발전하면서 인공지능 기술을 기반으로 한 스마트 도시 모델에 대한 관심이 높아지고 있습니다. 인공지능 기반의 스마트 도시는 사람들의 일상을 편리하고 쉽게 만드는 것을 목표로 합니다. 자산과 자원을 효율적으로 관리하기 위해 다양한 센서로부터 정보를 수집하고, 도시의 문제를 해결합니다. 인공지능 기반 스마트 도시에서 가장 중요하게 생각하는 것은 바로 사람들의 안전입니다. 범죄를 줄이고 공공 공간을 확보하여 각종 위험으로부터 사람을 보호하는 것을 최우선으로 생각합니다.

이를 위해 인체에 장착하는 웨어러블 카메라, 분석 기능이 있는 고급 보안 감시 카메라, 총기 감지기 및 가정 보안 시스템을 스마트 도시 전역에 배치하고자 합니다. 이러한 센서나 카메라의 설치는 실시간 범죄 매핑과 치안 예측 및 유지를 가능하게 하여 각종 범죄를 30~40% 이상 줄이는 효과를 보여 줍니다. 또 하나 중요한 분야는 바로 의료입니다. IoT 장치는 원격으로 환자의 상태를 확인하는 모니터링용으로 사용되며, 위기 상황이 되기 전에 이를 감지하고 사전 조치함으로써 소중한 생명을 구할 수 있습니다.

이뿐 아니라 인공지능 기반 스마트 도시는 이동성이 매우 좋습니다. 교통 패턴을 기반으로 한 지능형 가로등의 설치는 도로에서 사람들을 안전하게 하고, 에너지 부문에서도 효율을 높일 수 있습니다. 또한, 범죄가 발생했을 때 이에 대응하는 시간도 20% 이상 줄일 수 있다고 합니다. 앞의 빙고 놀이를 통해서도 인공지능이 우리 사회에 어떤 영향을 미치는지 알아보았듯이 앞으로 우리 생활에 더욱 많은 영향을 미치게 될 인공지능에 대해 더욱 많은 관심을 가지고 살펴보는 것은 어떨까요?

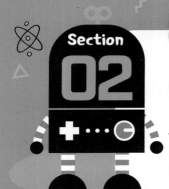

공정한 데이터가 필요해!

데이터 카드에 적혀 있는 내용으로 문장을 만들되 편향된 정보가 있는 데이터 카드로 문장을 만들 때 어떤 일이 발생하는지를 알아보는 놀이를 해 봅시다.

수업 길잡이 ·······

난이도 ★★★☆☆
소요시간 20분 이상
놀이인원 2인 이상
준비물 부록(데이터 카드, 문장 완성 활동지), 가위

인공지능 놀이를 준비해요!

놀이 목표
공정하지 않은 데이터로 학습할 때 발생할 수 있는 윤리적인 문제 상황 이해하기

놀이 약속
주어진 데이터 카드로 스스로 문장 만들어 보기

학교에서 이렇게 배워요!

수업 활동
• 4학년 > 2학기 > 사회 > 3. 사회 변화와 문화의 다양성 > 1. 사회 변화로 나타난 일상생활의 모습 > [6차시] 정보화 사회의 문제점과 해결 방안 알아보기
• 5학년 > 1학기 > 도덕 > 4. 밝고 건전한 사이버 생활 > [3차시] 사이버 문제, 지혜롭게 해결해요
• 중학교 > 정보 > 2. 정보윤리 > 사이버윤리 > 사이버윤리의 필요성알기

이 놀이는
데이터 편향성

데이터 카드에 적혀 있는 단어를 활용해 문장을 만들어 의미가 되는 과정을 표현하는 놀이입니다. 이때 편향된 데이터를 활용할 경우, 어떤 좋지 않은 문장이 만들어지는지 확인해 봄으로써 편향된 데이터로 학습한 인공지능이 사회에 미칠 영향에 대해 생각해 볼 수 있습니다.

1 인공지능 놀이를 위해 데이터 카드(부록), 문장 완성 활동지(부록), 가위가 필요합니다.

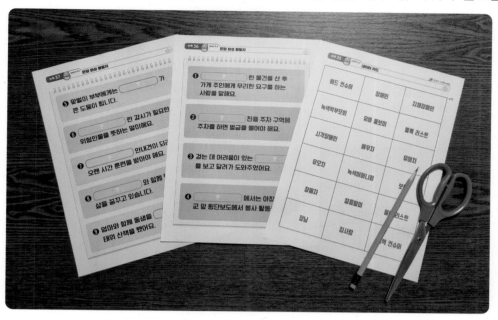

2 부록에 있는 데이터 카드를 모두 오린 후 놀이를 할 준비를 합니다. 다 자른 데이터 카드는 섞은 후 더미로 만들어 가운데에 놓습니다.

3 가위바위보로 선 플레이어를 정한 뒤 데이터 카드 중 1장을 선택합니다.

4 선택한 카드 속 단어가 들어가기에 알맞은 문장을 찾아서 읽습니다. 이때 문장을 완성할 수 있는 단어지만 적절하지 않다고 판단되면 해당 카드는 버릴 수 있습니다.

5 다음 사람 역시 데이터 카드에서 1장을 선택한 뒤 해당 단어가 들어가기에 적합한 문장을 찾아 문장을 완성해 줍니다.

6 9개의 문장이 모두 완성될 때까지 위의 과정을 반복해서 진행합니다.

7 9개의 문장이 모두 완성되면 버려졌거나 남은 9장의 데이터 카드는 어떤 문장 속 단어와 각각 관련이 있는 단어인지 매칭시켜 봅니다.

8 완성한 문장에 들어간 단어 중에 인종 차별, 성차별, 장애인 차별 등과 관련된 단어가 없는지 확인합니다. 만약 있다면 버려졌거나 남은 카드에서 다시 적절한 카드를 찾아 대신 넣어 봅니다.

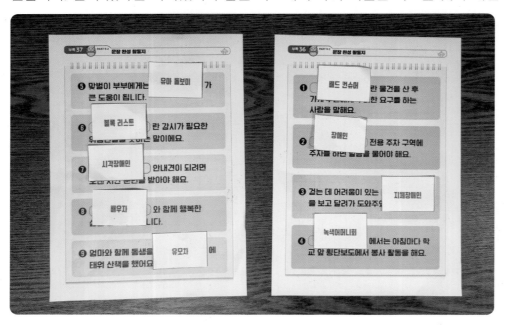

TIP : 잘 모르겠다면 문장에 들어간 카드 속 글자 색깔을 확인해 보세요. 글자색이 녹색이면 차별이 없는 단어이고, 녹색이 아니라면 인종 차별, 성차별, 장애인 차별적 의미가 포함된 단어입니다.

9 다시 완성하고, 완성된 문장을 큰 소리로 읽어 봅니다.

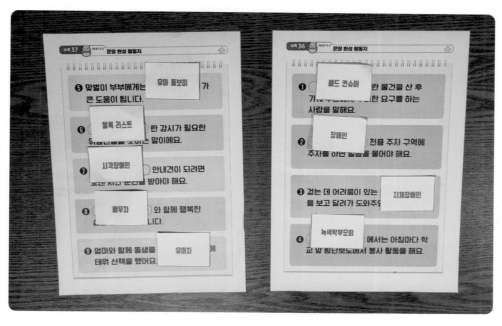

10 인종 차별, 성차별, 장애인 차별 등의 의미가 담긴 데이터를 인공지능이 학습하게 된다면 어떤 결과를 가지고 올지 생각해 보고 이야기 나눠 봅니다.

AI가 인종 차별을 한다고?

인공지능이 잘못된 판단, 편향과 편견이 담긴 판단을 한다면 어떻게 될까요? 실제로 인공지능이 인종 차별, 성차별적인 판단을 하는 사례들이 보고되고 있습니다. 일부 안면 인식 프로그램은 아시아·아프리카계를 잘못 알아볼 확률이 백인 남성을 잘못 알아볼 확률의 100배에 이른다고 합니다. 만약 이런 안면 인식이 실생활에 도입된다면 외국에 도착한 여러분을 인공지능이 위험인물로 착각해 공항에서 경보음을 울릴 확률이 높아질 수 있습니다.

또한, 세계적인 기업인 아마존은 인공지능 채용 프로그램을 폐기하기도 하였습니다. 성별을 따로 적지 않아도, 여대를 졸업했거나 경력에 여성 스포츠 동아리 이름 등이 들어가면 채용 추천에서 배제하는 일이 벌어졌기 때문입니다. 왜 그런 일이 발생했을까요? 그전까지 아마존에 여성 지원자가 별로 없었고, 그중에 성과를 평가받아 임원으로 승진한 여성은 더 드물었기 때문에 이런 데이터를 보고 배운 인공지능이 남성을 먼저 추천한 것으로 짐작되고 있습니다. 즉, 과거 데이터에서 성차별을 배우게 된 것입니다.

이런 유사한 일이 미국에서도 있었습니다. 신용카드 발급을 둘러싸고 성차별 주장이 제기되었는데 이른바 '애플 카드' 사건으로 불리는 일입니다. 애플이 골드만삭스와 협력해 내놓은 신용카드가 소득·자산 등의 여건이 똑같음에도 불구하고 인공지능이 남성에게 카드 사용 한도를 훨씬 많이 부여한 경우가 발생했기 때문입니다. 이렇듯 잘못된 데이터, 차별이나 편견이 포함된 데이터로 학습한 인공지능은 잘못된 판단을 할 수밖에 없습니다. 앞의 활동에서 차별적인 단어를 자신도 모르게 사용한 것처럼 인공지능 역시 사람이 주는 데이터를 가지고 그대로 학습하기 때문에 공정한 데이터, 편향되지 않은 데이터를 제공하는 일은 매우 중요합니다.

부록

부록자료가 추가로 필요하다면?

영진닷컴 홈페이지에서 다운로드 할 수 있어요!

❶ 영진닷컴 홈페이지(www.youngjin.com)에 접속합니다.

❷ [고객센터]를 클릭한 후 [부록CD다운로드] 게시판에 들어갑니다.

❸ '언플러그드를 만나다 2'를 입력한 후 [검색] 버튼을 클릭합니다.

❹ 검색 목록에 나온 '인공지능, 언플러그드를 만나다2'의 [부록CD다운로드] 버튼을 클릭합니다.

❺ 자료를 다운로드 받은 후 프린트해서 사용하면 됩니다.

디지털 숫자 카드

오려서 사용하세요.

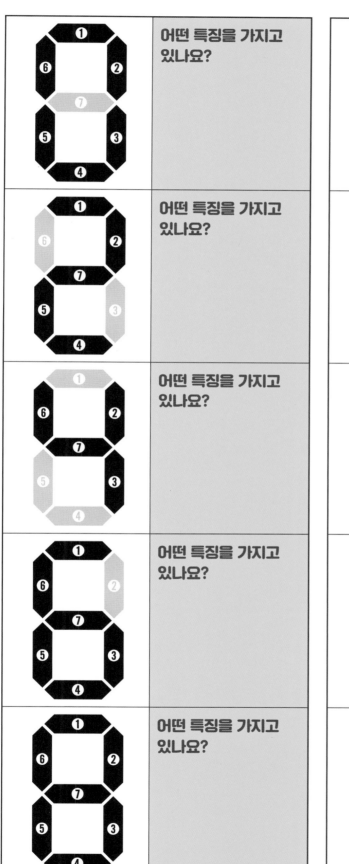

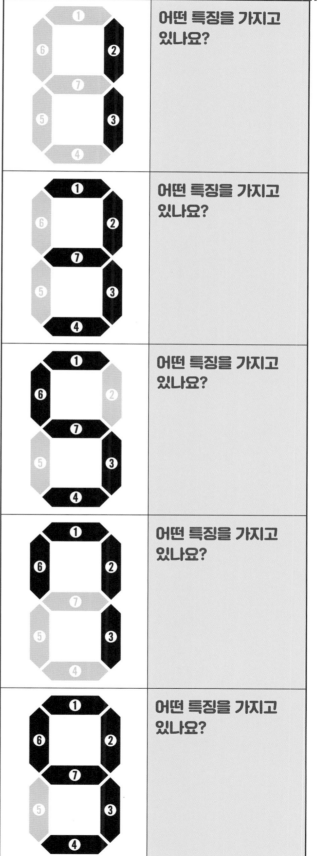

어떤 특징을 가지고 있나요?

어떤 특징을 가지고 있나요?

어떤 특징을 가지고 있나요?

어떤 특징을 가지고 있나요?

어떤 특징을 가지고 있나요?

어떤 특징을 가지고 있나요?

어떤 특징을 가지고 있나요?

어떤 특징을 가지고 있나요?

어떤 특징을 가지고 있나요?

어떤 특징을 가지고 있나요?

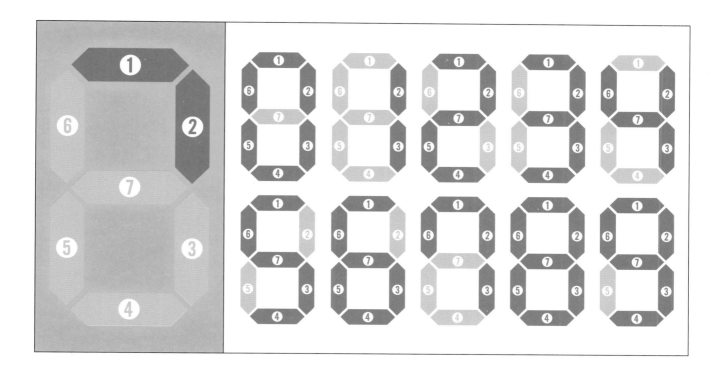

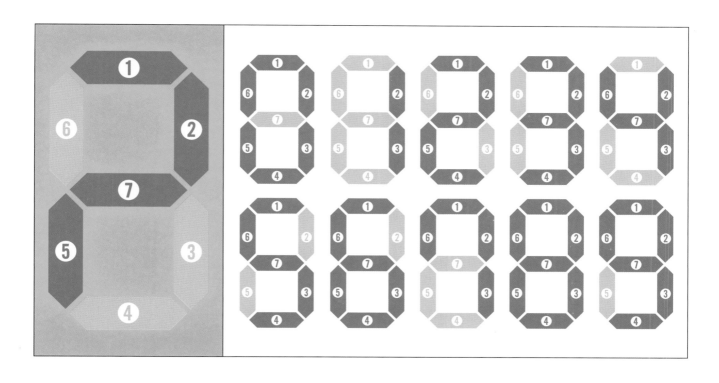

숫자 찾기 활동지 : 두 번째 문제

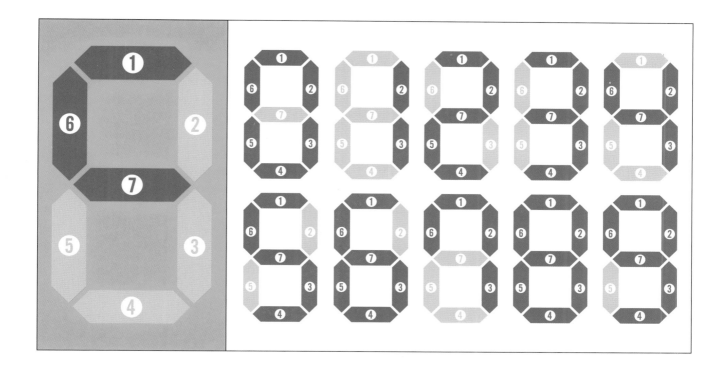

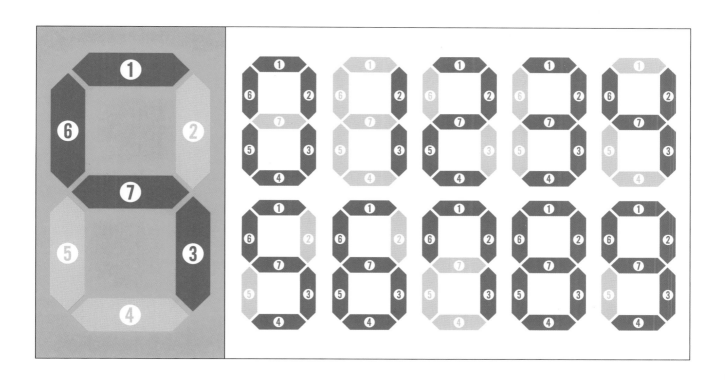

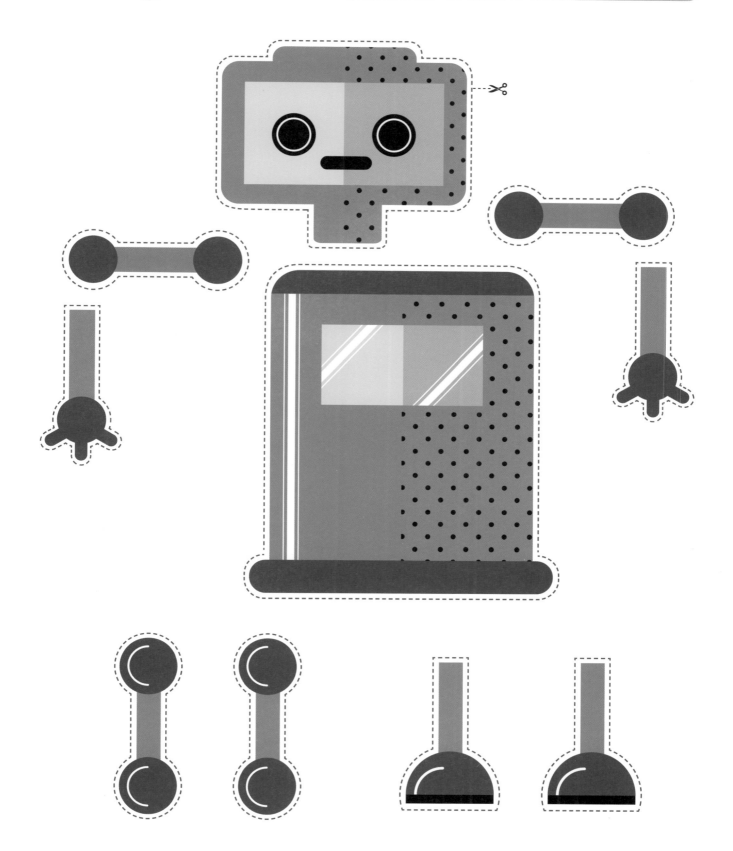

오려서 사용하세요.

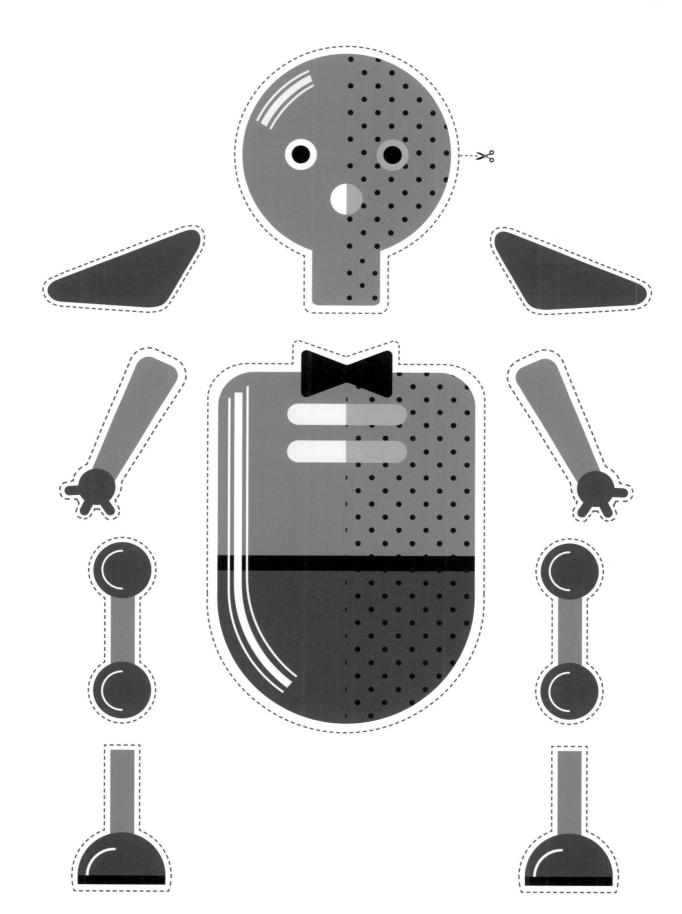

오려서 사용하세요.

오려서 사용하세요.

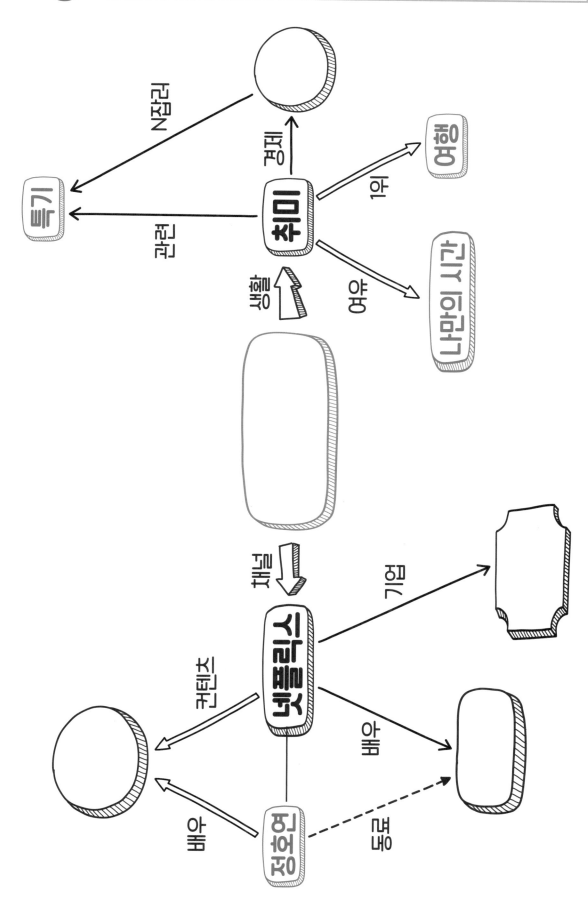

취미

특기

관련

여행

여유

나만의 시간

영화

평가

생활

채널

넷플릭스

기원

콘텐츠

영향

유명

정형

영향

내용

(예시) 내가 선택한 단어 : 미국, 여행
➜ 코로나19가 종식되면 친구들과 함께 미국으로 여행을 가고 싶어요.

내가 선택한 단어 :
➜

내가 선택한 단어 :
➜

내가 선택한 단어 :
➜

(예시) 내가 선택한 단어 : 액션, 독서
➜ 나중에 멋진 액션 영화감독이 되기 위해서 지금부터 독서도 많이 하고, 운동도 많이 할래요.

내가 선택한 단어 :
➜

내가 선택한 단어 :
➜

내가 선택한 단어 :
➜

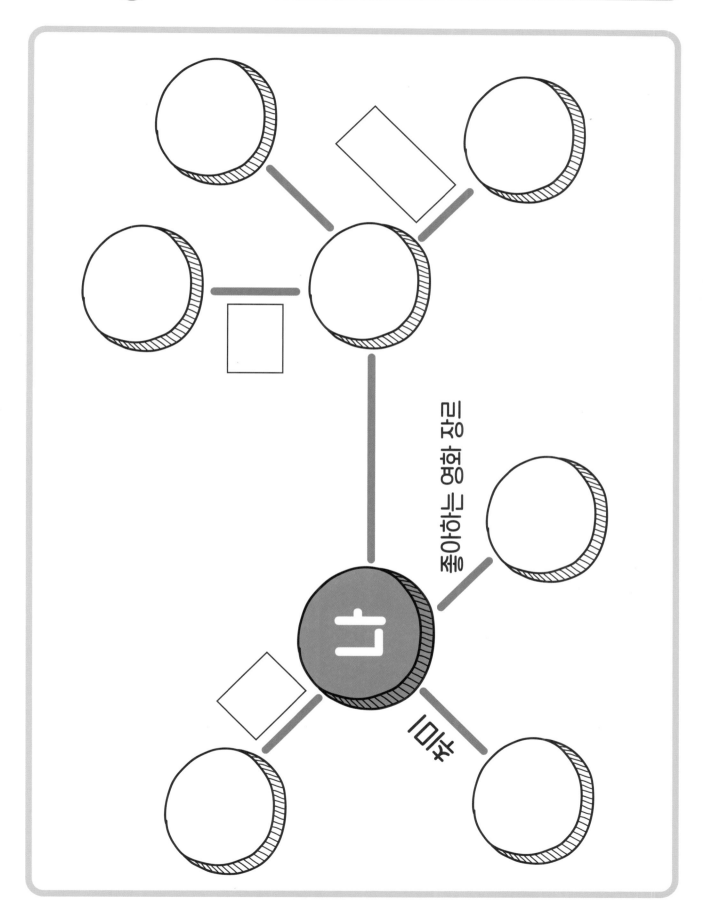

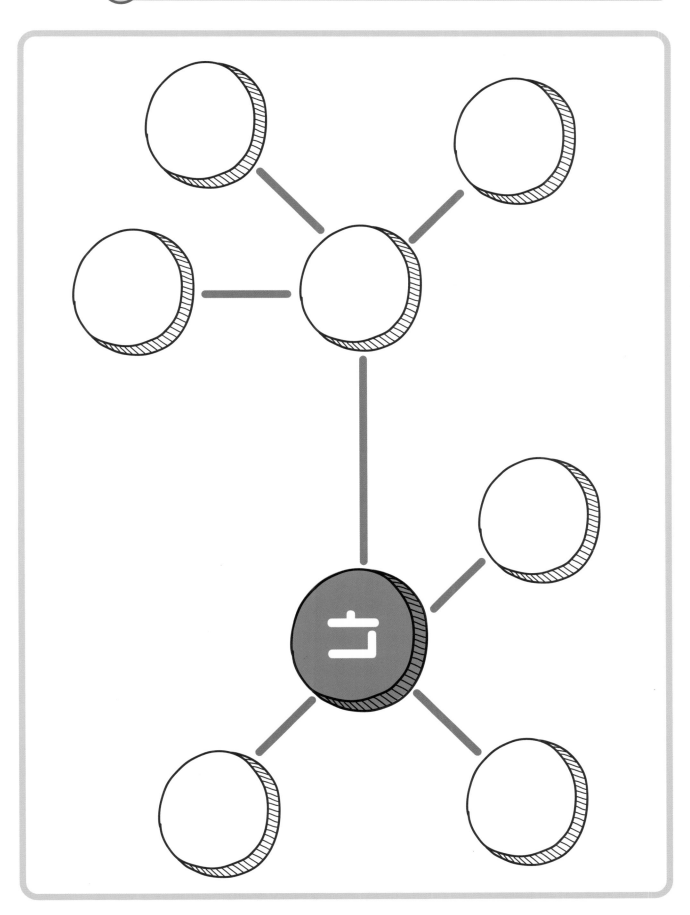

❶ 데이터 기록 살펴보기

이름	과거에 먹었던 간식 기록					가장 최근 먹은 간식
백설 공주	떡	쿠키	젤리	호빵	피자	빵
신데렐라	피자	빵	어묵	호떡	쿠키	?
개구리 왕자	껌	피자	어묵	쿠키	빵	치킨
나그네	젤리	치킨	사탕	껌	쿠키	피자

- 신데렐라가 먹은 간식은 무엇인가요?

❷ 신데렐라와 나머지 3명의 데이터를 비교하여 유사성을 계산하기

이름	백설 공주	개구리 왕자	나그네
동일 간식	피자, 쿠키		쿠키
유사성 점수	2점		1점

- 개구리 왕자와 신데렐라의 간식 데이터 비교해 동일한 간식을 찾고, 유사성을 계산해 보세요.

- 누가 신데렐라와 가장 유사성이 높게 나타나나요?

- 가장 유사한 사용자의 최근 먹은 간식 목록을 확인한 후 신데렐라에게 추천할 만한 간식은 무엇인지 예측해 보세요.

❶ 데이터 수집하기

친구 또는 가족 이름	과거에 먹었던 간식 기록				가장 최근 먹은 간식
1)					
2)					
3)					
4)					
5)					
♥					?

- 내 친구 또는 가족 ♥(   )가 먹은 간식은 무엇인가요?

❷ 내 친구 또는 가족 ♥와 나머지 사람들의 데이터를 비교하여 유사성을 계산하기

이름	1)	2)	3)	4)	5)
동일 간식					
유사성 점수	점	점	점	점	점

- 데이터 비교해 동일한 간식을 찾고, 유사성을 계산해 보세요.

- 누가 내 친구 또는 가족 ♥와 가장 유사성이 높게 나타나나요?

- 가장 유사한 사용자의 최근 먹은 간식 목록을 확인한 후 내 친구 또는 가족 ♥에게 추천할 만한 간식은 무엇인지 예측해 보세요.

오려서 사용하세요.

우	대	모	자	부
동	차	문	어	발
나	무	막	동	제
산	신	아	주	비
리	머	니	누	물
건	명	인	설	사
의	진	속	내	기

주	수	과	미	국
학	음	술	태	구
회	양	달	랑	석
악	친	청	다	휴
평	보	지	성	금
바	화	토	해	육
목	왕	방	소	군

오려서 사용하세요.

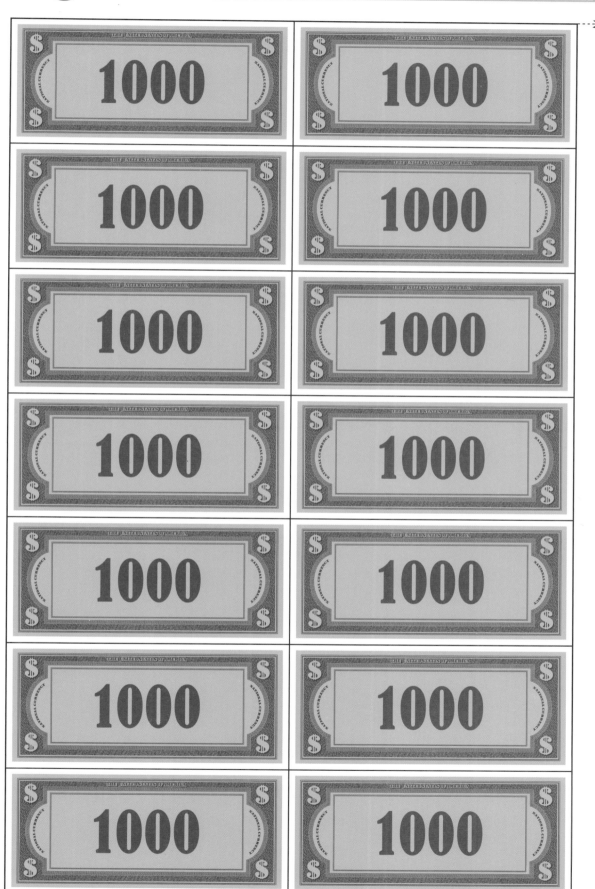

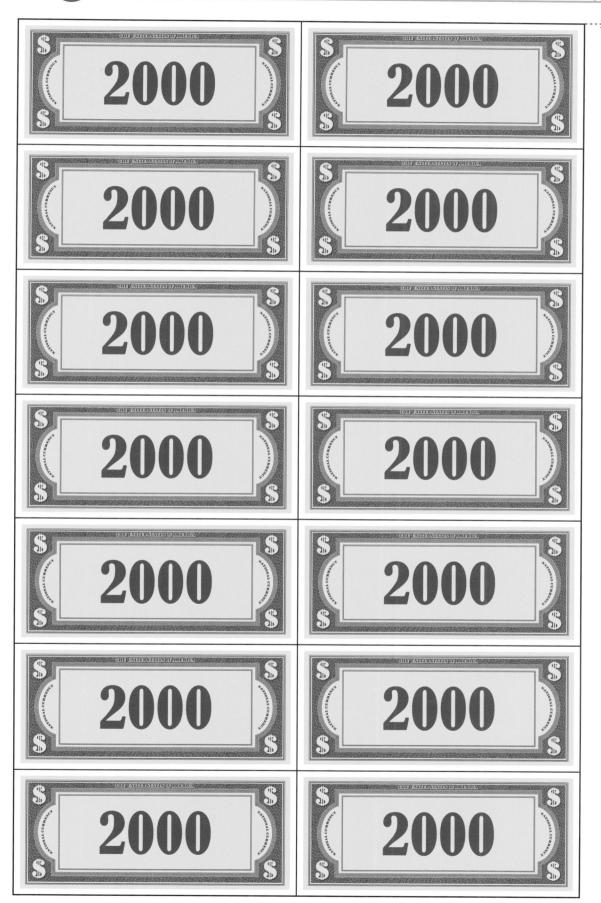

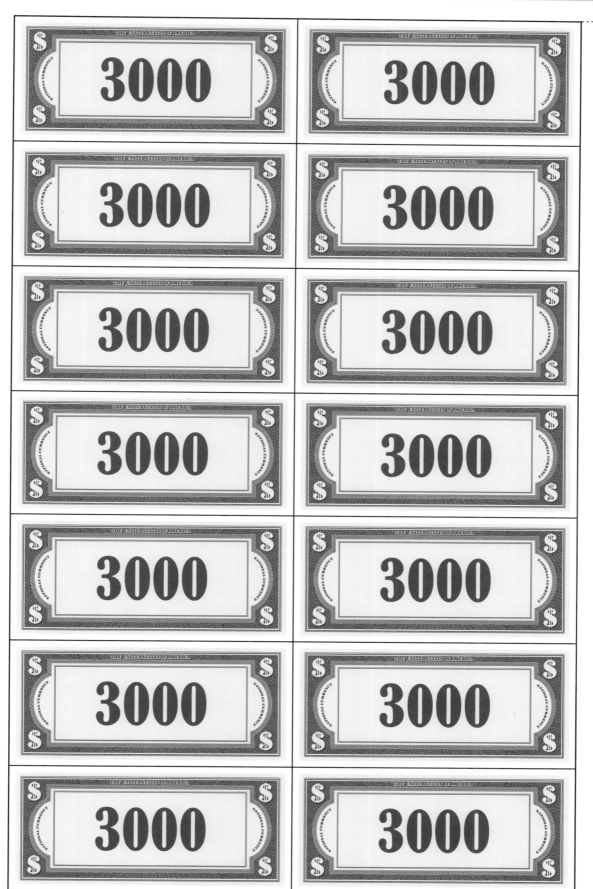

❶ **다음 표를 보고 아래 그래프를 완성해 봅시다.**

나이	남자 평균 키(cm)	여자 평균 키(cm)
8세	122.2	120.6
9세	128.2	126.9
10세	134.1	132.8
11세	139.8	?
12세	145.3	146.0
13세	152.1	152.3
14세	?	157.1
15세	166.7	159.1
16세	170.5	?
17세	172.8	161.1
18세	173.4	161.2
19세	?	161.2

176 ——————————————————————————

172 ——————————————————————————

168 ——————————————————————————

164 ——————————————————————————

160 ——————————————————————————

156 ——————————————————————————

152 ——————————————————————————

148 ——————————————————————————

144 ——————————————————————————

140 ——————————————————————————

136 ——————————————————————————

132 ——————————————————————————

128 ——————————————————————————

124 ——————————————————————————

120 ——————————————————————————

키(cm)

나이(세) 8   9   10   11   12   13   14   15   16   17   18   19   20

❶ 다음 표를 보고 아래 그래프를 완성해 봅시다.

나이	남자 평균 키(cm)	남자 평균 몸무게(kg)	여자 평균 키(cm)	여자 평균 몸무게(kg)
8세	122.2	25.5	120.6	24.0
9세	128.2	29.2	126.9	27.3
10세	134.1	33.5	132.8	31.1
11세	139.8	38.2	139.1	?
12세	145.3	43.1	146.0	40.8
13세	152.1	48.8	152.3	46.1
14세	160.2	?	157.1	50.5
15세	166.7	61.0	159.1	53.3
16세	170.5	65.3	160.4	?
17세	172.8	68.2	161.1	56.8
18세	173.4	70.2	161.2	57.5
19세	174.0	?	161.2	58.0

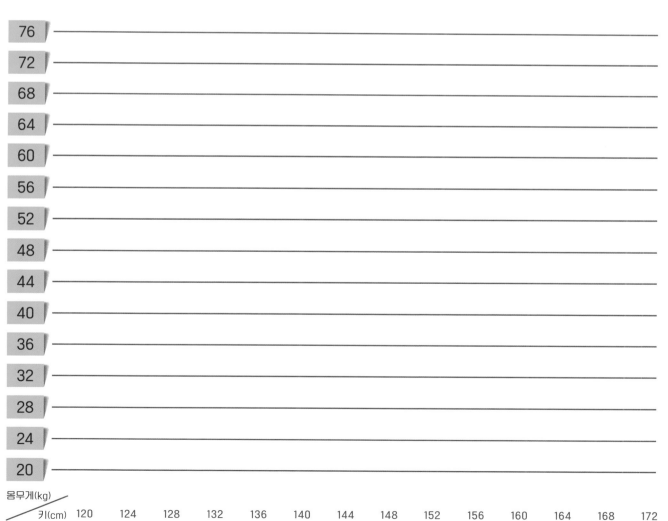

몸무게(kg)

키(cm) 120 124 128 132 136 140 144 148 152 156 160 164 168 172

오려서 사용하세요.

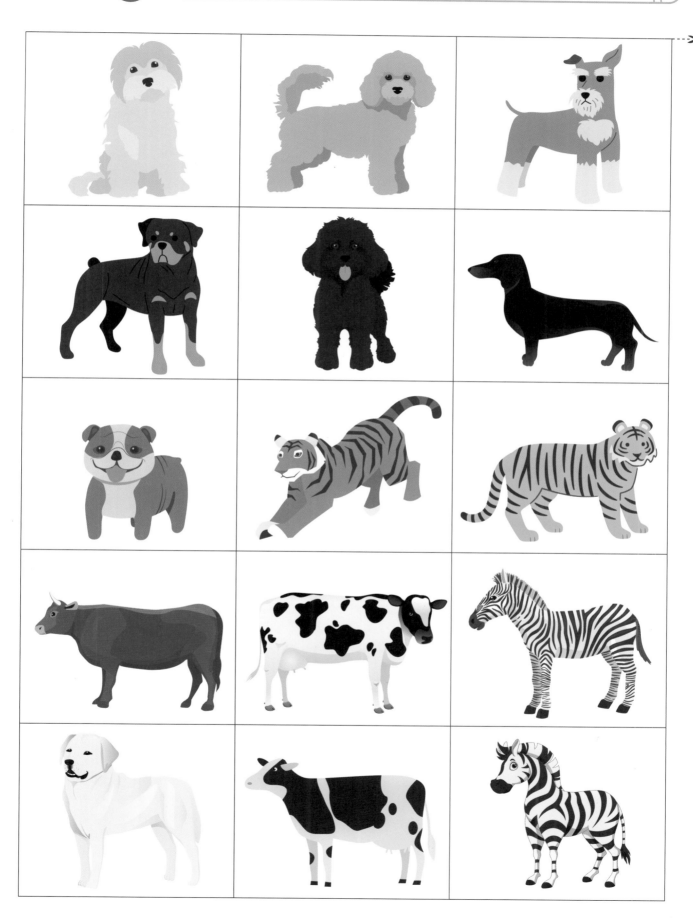

학습 완료 / 미완료 카드

학습완료

학습완료

학습완료

학습완료

학습완료

학습완료

학습미완료

학습미완료

학습미완료

학습미완료

학습미완료

학습미완료

로봇 부품 카드

오려서 사용하세요.

로봇 부품 카드

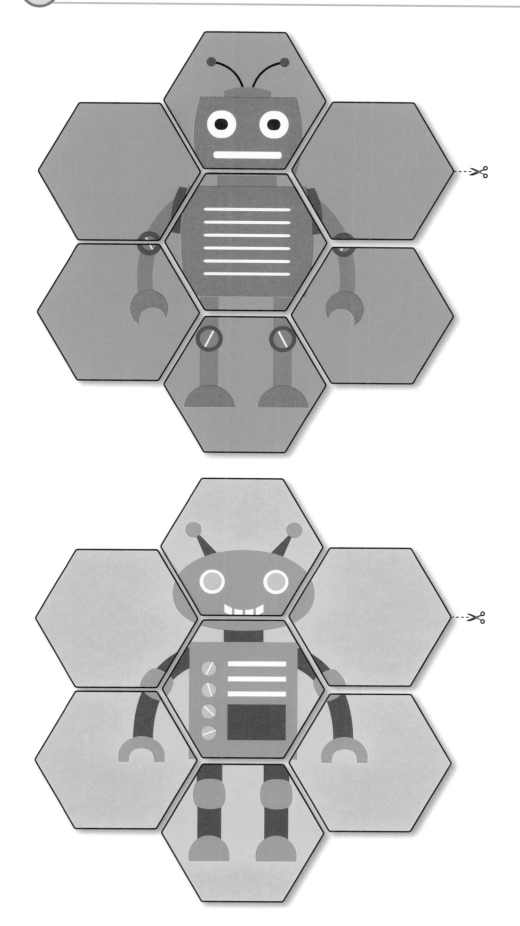

질문 카드

 오려서 사용하세요.

Q 당신이 좋아하는 과목은 무엇입니까?

Q 당신이 좋아하는 가수의 이름은 무엇입니까? 그 가수의 노래 중 가장 좋아하는 곡은 무엇입니까?

Q 당신이 좋아하는 운동 종목은 무엇입니까?

Q 만약 지금 배달 음식을 시킨다면 어떤 음식을 먹고 싶나요?

Q 당신이 제일 좋아하는 예능 프로그램은 무엇입니까?

Q 당신이 제일 좋아하는 만화영화의 캐릭터는 누구입니까?

Q 가장 최근에 읽은 책의 제목은 무엇입니까?

Q 당신이 제일 존경하는 위인은 누구입니까?

Q 만약 당신이 친구와 놀게 된다면 어디에서 놀고 싶나요?

Q 평소에 받고 싶었던 선물은 무엇입니까?

Q 당신이 제일 좋아하고, 친한 친구는 누구입니까?

Q 당신이 제일 싫어하는 과목 또는 어려운 과목은 무엇입니까?

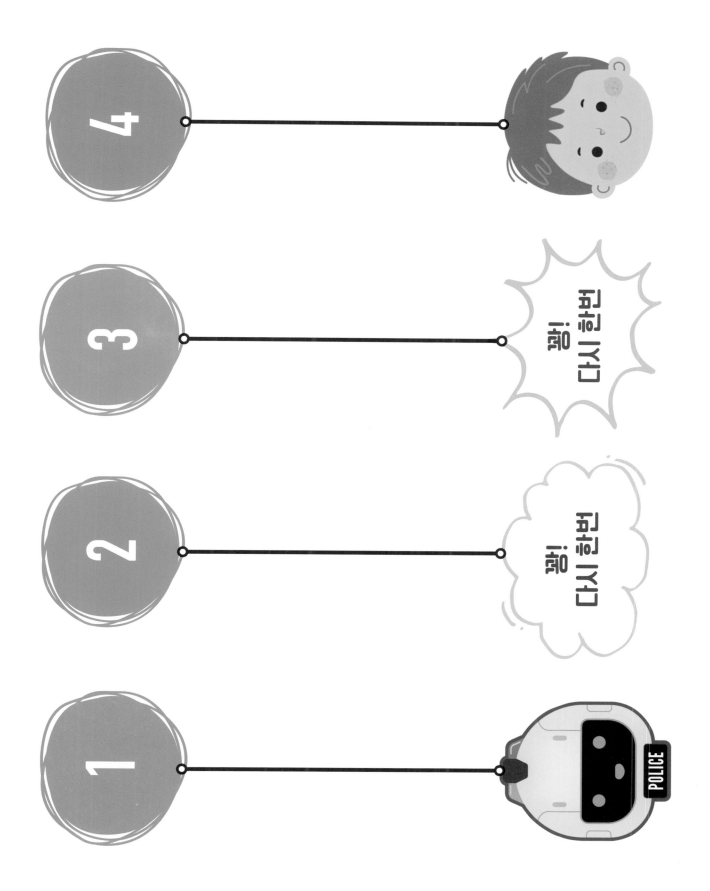

오려서 사용하세요.

<도서관에서>

역할 : 도서관 AI 도우미 로봇, 도서관에 놀러간 학생
배경 : 도서관

(도서관에 들어가는 학생의 모습)

- **AI 도우미 로봇** : (로봇 느낌으로) 안녕하세요? 저는 "도서관 도우미 로봇"입니다. 무엇을 도와드 릴까요?

- **학생** : 책 빌리러 왔어요.

- **AI 도우미 로봇** : 어떤 책을 찾으시나요? 책 이름 또는 작가의 이름을 알려 주세요.

- **학생** : 정확하게 기억은 안 나는데... 인공지능, 게임이라는 말이 들어가는 것 같아요.

- **AI 도우미 로봇** : 인공지능, 게임이라는 이름으로 검색했을 때 나오는 책은 "인공지능, 게임을 만 나다"입니다. 이 책이 맞으신가요?

- **학생** : 네, 맞아요.

- **AI 도우미 로봇** : 그 책은 1번 책장 3번째 칸, 5번째에 꽂혀 있습니다. 찾아드릴까요?

- **학생** : 아니요, 제가 찾을게요. 정말 감사합니다.

- **AI 도우미 로봇** : 언제든지 제가 도울 수 있는 일이 있다면 저를 불러 주세요. 저는 "도서관 도우 미 로봇"입니다.

---- 절취선 ----

<도서관에서>

역할 : 도서관 AI 도우미 로봇, 도서관에 놀러간 학생
배경 : 도서관

(도서관에 들어가는 학생의 모습)

- **AI 도우미 로봇** : (로봇 느낌으로) 안녕하세요? 저는 "도서관 도우미 로봇"입니다. 무엇을 도와드 릴까요?

- **학생** : 책 빌리러 왔어요.

- **AI 도우미 로봇** : 어떤 책을 찾으시나요? 책 이름 또는 작가의 이름을 알려 주세요.

- **학생** : 정확하게 기억은 안 나는데... 인공지능, 게임이라는 말이 들어가는 것 같아요.

- **AI 도우미 로봇** : 인공지능, 게임이라는 이름으로 검색했을 때 나오는 책은 "인공지능, 게임을 만 나다"입니다. 이 책이 맞으신가요?

- **학생** : 네, 맞아요.

- **AI 도우미 로봇** : 그 책은 1번 책장 3번째 칸, 5번째에 꽂혀 있습니다. 찾아드릴까요?

- **학생** : 아니요, 제가 찾을게요. 정말 감사합니다.

- **AI 도우미 로봇** : 언제든지 제가 도울 수 있는 일이 있다면 저를 불러 주세요. 저는 "도서관 도우 미 로봇"입니다.

<도로에서>

역할 : 경찰 AI 로봇, 길을 잃은 학생
배경 : 도로 위

(도로 위에서 울고 있는 학생의 모습이 보임)
-경찰 AI 로봇 : (로봇 느낌으로) 앗! 도로 위에 어린 학생이 있어. 위험해 보여.
(학생 곁으로 다가가는 경찰 AI 로봇)
-경찰 AI 로봇 : 무슨 일인가요? 여기는 도로 위, 굉장히 위험합니다. 나를 따라오세요.
-학생 : (흐느끼며) 길을 잃었어요!
-경찰 AI 로봇 : 일단 여기서 벗어나야 합니다. 나를 따라오세요.
(경찰 AI 로봇을 따라 안전한 곳으로 피하는 학생의 모습)
-경찰 AI 로봇 : 여기는 안전합니다. 학생의 이름은 무엇인가요?
-학생 : 제 이름은 OOO입니다.
-경찰 AI 로봇 : 학생이 다니는 학교의 이름은 무엇인가요?
-학생 : 저는 OO 초등학교에 다녀요.
-경찰 AI 로봇 : 살고 있는 집이 어디인지 주소를 알고 있나요?
-학생 : 주소를 잘 모르겠어요. 무지개 마을, 행복 아파트밖에 몰라요.
-경찰 AI 로봇 : OO 초등학교, 무지개 마을, 행복 아파트를 검색했을 때 나오는 곳은 바로 여기군요. 집까지 데려다 주겠습니다. 따라오세요.
-학생 : 정말 감사합니다!

---- 절취선 ----

<도로에서>

역할 : 경찰 AI 로봇, 길을 잃은 학생
배경 : 도로 위

(도로 위에서 울고 있는 학생의 모습이 보임)
-경찰 AI 로봇 : (로봇 느낌으로) 앗! 도로 위에 어린 학생이 있어. 위험해 보여.
(학생 곁으로 다가가는 경찰 AI 로봇)
-경찰 AI 로봇 : 무슨 일인가요? 여기는 도로 위, 굉장히 위험합니다. 나를 따라오세요.
-학생 : (흐느끼며) 길을 잃었어요!
-경찰 AI 로봇 : 일단 여기서 벗어나야 합니다. 나를 따라오세요.
(경찰 AI 로봇을 따라 안전한 곳으로 피하는 학생의 모습)
-경찰 AI 로봇 : 여기는 안전합니다. 학생의 이름은 무엇인가요?
-학생 : 제 이름은 OOO입니다.
-경찰 AI 로봇 : 학생이 다니는 학교의 이름은 무엇인가요?
-학생 : 저는 OO 초등학교에 다녀요.
-경찰 AI 로봇 : 살고 있는 집이 어디인지 주소를 알고 있나요?
-학생 : 주소를 잘 모르겠어요. 무지개 마을, 행복 아파트밖에 몰라요.
-경찰 AI 로봇 : OO 초등학교, 무지개 마을, 행복 아파트를 검색했을 때 나오는 곳은 바로 여기군요. 집까지 데려다 주겠습니다. 따라오세요.
-학생 : 정말 감사합니다!

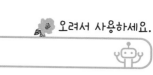

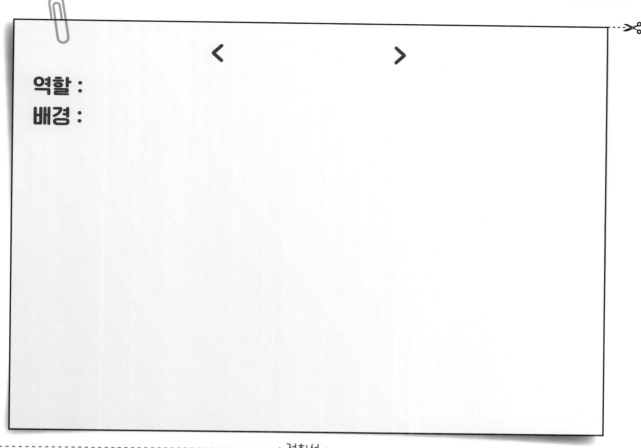

역할 :

배경 :

- - - - - 절취선 ├ - - - - -

역할 :

배경 :

3x3 빙고판

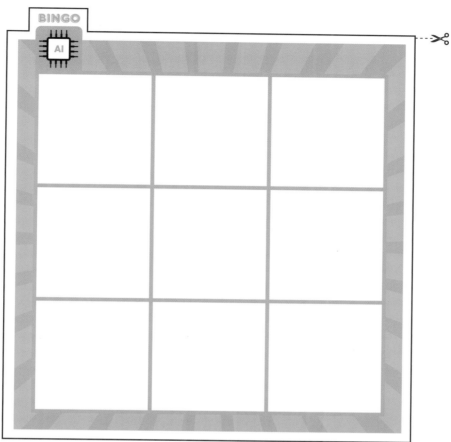

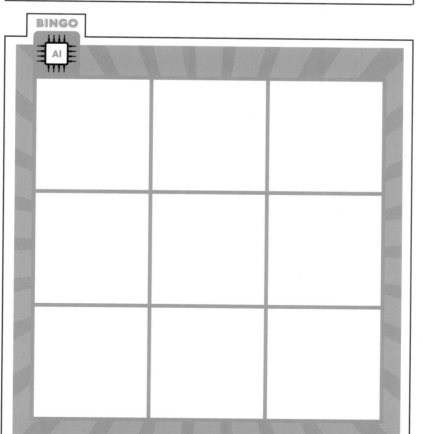

4x4 빙고판

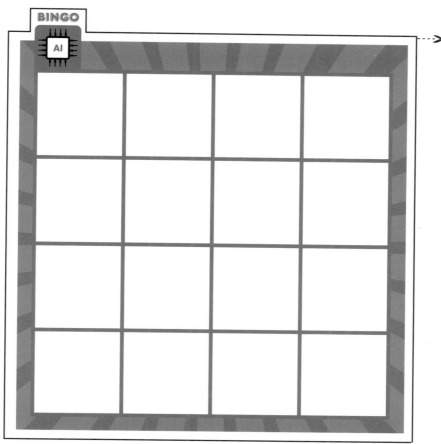

오려서 사용하세요.

인공지능
하면 떠오르는
직업

인공지능
하면 떠오르는
모든 것

인공지능
하면 떠오르는
가전기기

인공지능
하면 떠오르는
(만화)영화

인공지능
하면 떠오르는
로봇

인공지능
하면 떠오르는
책

오려서 사용하세요.

배드 컨슈머	유모차
장애인	녹색어머니회
지체장애인	보모
녹색학부모회	장애자
유아 돌보미	절름발이
블록 리스트	블랙 리스트
시각장애인	장님
배우자	집사람
유아차	블랙 컨슈머

❶ (?) 란 물건을 산 후 가게 주인에게 무리한 요구를 하는 사람을 말해요.

❷ (?) 전용 주차 구역에 주차를 하면 벌금을 물어야 해요.

❸ 걷는 데 어려움이 있는 (?) 을 보고 달려가 도와주었어요.

❹ (?) 에서는 아침마다 학교 앞 횡단보도에서 봉사 활동을 해요.

❺ 맞벌이 부부에게는 (**?**) 가 큰 도움이 됩니다.

❻ (**?**) 란 감시가 필요한 위험인물을 뜻하는 말이에요.

❼ (**?**) 안내견이 되려면 오랜 시간 훈련을 받아야 해요.

❽ (**?**) 와 함께 행복한 삶을 꿈꾸고 있습니다.

❾ 엄마와 함께 동생을 (**?**) 에 태워 산책을 했어요.